想 象 之 外 · 品 质 文 字

北京领读文化传媒有限责任公司　出品

MBA
轻松读 | 第二辑

事业开发

日本顾彼思商学院（GLOBIS）——— 著

李 静——— 译

事業開発マネジメント

北京时代华文书局

图书在版编目（CIP）数据

事业开发 / 日本顾彼思商学院著 ；李静译． -- 北
京 ：北京时代华文书局，2020.2
（MBA 轻松读．第二辑）
ISBN 978-7-5699-3514-1

Ⅰ．①事… Ⅱ．①日… ②李… Ⅲ．①创业 Ⅳ．
①F241.4

中国版本图书馆 CIP 数据核字（2020）第 009103 号

北京市版权著作权合同登记号　　字：01-2019-7640

Globis MBA Jigyoukaihatsu Management
written and edited by Educational Corporation of Globis University, supervised by Yoshito Hori
Copyright © 2010 Educational Corporation of Globis University
Simplified Chinese translation copyright ©2020 by Beijing lingdu culture & media company
All rights reserved.
Original Japanese language edition published by Diamond, Inc.
Simplified Chinese translation rights arranged with Diamond, Inc.
through Hanhe International(HK).co,.Ltd.

MBA 轻松读：第二辑
MBA QINGSONG DU DIERJI

事业开发
SHIYE KAIFA

著　　者 | 日本顾彼思商学院
译　　者 | 李　静

出 版 人 | 陈　涛
选题策划 | 领读文化
责任编辑 | 张彦翔
装帧设计 | 刘　俊
责任印制 | 刘　银

出版发行 | 北京时代华文书局 http://www.bjsdsj.com.cn
　　　　　北京市东城区安定门外大街 136 号皇城国际大厦 A 座 8 楼
　　　　　邮编：100011　电话：010-64267955　64267677
印　　刷 | 北京金特印刷有限责任公司　电话：010-68661003
　　　　　（如发现印装质量问题，请与印刷厂联系调换）
开　　本 | 880mm×1230mm　1/32　印　张 | 11.25　字　数 | 255 千字
版　　次 | 2020 年 7 月第 1 版　　印　次 | 2020 年 7 月第 1 次印刷
书　　号 | ISBN 978-7-5699-3514-1
定　　价 | 62.00 元

前　言

　　本书是面向准备将来在风险投资领域创业的"创业家"，或者是在企业内开辟新事业的"社内企业家"而写的，同时这也是一本面向他们的支持者和合作者的书。

　　过去的日本企业一直以来的目标都是"追赶欧美国家的企业、力争追上欧美国家的企业"，然而这样的时代已经属于遥远的过去。低迷不振的经济现状、人口的减少、发生了各种无法预期的困难——在这样的环境下，已经不能将过去的事业规模和内容仅仅只是单纯地做一个扩大或延伸了，继续这样做下去的话迟早会走到尽头。社会也不会对企业的发展抱有任何希望（当然，扩大或者延伸旧事业的规模内容也不失为一种重要的尝试）。

　　风险投资企业不论新旧，开发新事业无疑会带来很多机会，是企业上下都翘首企盼的。日本原本就是一个经营资源匮乏的国家，如果这样的国家想要加入欧美先进国家的队伍并与它们相抗衡的话，就必须将所有的智慧和热情都发挥出来，致力于向消费者和社会提供具有新价值意义的产品和服务。同时要求企业领导者具备企业家精神，在未知的、其他人还未涉足的领域创造出新的价值，从零开拓事业、不断进取。

总之，日本要想在今后的世界上继续存在下去，就需要涌现出一批站在世界前列的创业家和社内企业家，创造新事业和新的价值、新的财富。

本书正是面向奋力朝着这个目标努力的人而写的，本书不仅系统地说明了在事业开发、事业创造中要使用的方法论，同时也着重强调了执行事业计划时必须首先唤起企业家不可或缺的"对未来事业的期待"。

本书的构成

本书按照 MBA 轻松读系列的构成，在第1章到第5章中分别以重点、案例、理论3部分作为各章的重点。第6章没有采用案例说明，只是阐述了相关理论。

本书对案例的说明部分比同系列其他书都要多，占6页左右。因为我认为这部分对本书的主题——事业开发和事业创造产生了很大的影响。虽然在理论方面可以对事业开发和创造进行合理的说明，但是技术和技巧（感受性、创造性、信念等）所占的比重其实是非常大的。"所谓事业的开发和创造是一种技术技巧，也是一门深奥的学问"，这就是本书基本的写作立场。

正因为如此，我没有把案例单纯地作为说明理论的工具，而是从具体案例中让大家自己去感受事业开发和创造的技术技巧。希望大家能从这些案例中感受到创造新事业时人们的那种激情和勇气。

另外，在卷末部分我附上了日本 LIFENET 人寿保险公司（该公司2009年荣获《周刊钻石》杂志评选的"专业人士最想购买的保险NO.1"称号）的资料供大家参考，同时附上了该公司的商业计划（主要是从市场分析和战略中抽选出来的一些内容）。虽然只有一部分，但是我想实际上没有目睹过商业计划的人可能会很多，希望你们能够熟读并仔细体会。

最后，我要向在撰写本书之际对我提供帮助的顾彼思资本合作伙伴仮屋薗聪一先生、顾彼思商学院副教授山中礼二先生、成为本书写作基础的《通过案例学创业战略》和《风险投资的经营革命》的作者们、提供了事业计划实例的 LIFENET 人寿保险公司岩濑大辅先生、钻石社编辑部的各位表示深深的感谢。

顾彼思商学院

目录
CONTENTS

序章

探究新事业开发、新事业创造的视点

一、探究开发新事业时重要的5点

想要在新开拓的事业中取得成功，那需要明确什么原理和原则呢？已经取得成功的创业者和企业家共同的特点又是什么呢？

在风云变幻的经营环境下，如何发现新的事业机会，又如何用一种成熟的事业模式将其运营下去？该如何有效地分配人力、物力、资金等经营所需的资源？如何将能满足顾客需求的创意商品化并使之具有市场价值？如何扩大商品的销量从而促进其稳步成长？顺应企业成长发展的战略和经营方式又是怎样的？一个合格的企业家自身所具备的资质又是什么？

为了能够回答以上疑问，我们首先要学习如何获得开拓新事业的机会和战略，即思考关于启动新事业这个问题。

问题的关键点在于图表序 -1所示的5点。

这5个关键点构成了本书的主要内容，共5章（第6章是对全书总结归纳后提出的建议）。总而言之，本书将按章对新事业开发的各个关键点逐步进行深入浅出的讲解。这些都是顾彼思通过观察运营风险投资事业的众多企业后积累的丰富经验，从而总结的心得体会。

图表 序 -1 新事业开发的 5 个关键点

构思、构建事业模式，并执行落实

掌握能引导事业成功的战略（参考已有的成功模式）

在人才配置以及团队构建中发挥统率力

熟知调动资金的方法

可持续性经营体系的强化

我会在第1章之后的章节里说明详细内容，首先让我们在序章里概观一下吧。

（一）构思创意，构建事业模式，并使之执行落实于事业计划

事业开发的第1步，是要把握经济和社会生产的构造变化，市场的需求是如何变化的，或者人们是否产生了新的需求，这些都是与获得商业创意紧密相连的。

关于分析经济和社会的构造变化方面，具体列举如下几点（参照图表序 -2）。

1. 了解整体的经济成长程度和成长产业

如今，日本经济正处于低成长期时代。然而，整体经济虽然处于低成长期，但如果划分成部分来看的话，还是有很多成长比较快的领域。如果将目光投向全球化这一视点的话，就更能够说明这一点了。

图表 序 -2 经济社会构造变化的分析要点

了解整体的经济成长程度和成长企业

社会、人口的动态变化

经营趋势的变化

技术改革的发展趋势

消费构造的发展趋势

逐渐放宽的限制政策

国际化趋势

从宏观上考虑，将关注点聚集于部分领域和地区经济的市场成长程度是非常重要的。如果事业一旦进入处于发展停滞期的某产业或某一分类，无论有多么好的创意想法和优秀的人才，那之后的成长是难以值得期待的。

2.社会、人口的动态变化

除了婴儿潮一代衰老带来的人口结构变化以外，从小就接触手机的人群数量有所增加，因此我们有必要认识到这些社会变化带来的影响，需要在"与自己的时代不同"这样的前提下去观察年轻一代。

3.经营趋势的变化

终身雇用制、年功序列体系（以年资和职位论资排辈，订定标准化的薪水）的衰落、无厂半导体公司（没有自己的工厂，对外委托制造业务的一种运作模式）的扩大、对外部资源的有效利用（业务外包）、利用信息技术（IT）发展网络经营模式、注重企业的社会责任感等等，我们需要将以上发展趋势列入考虑对象，从而判断这是否是一个新的事业契机。

4. 技术改革的发展趋势

例如，我们要关注如何对信息技术进行改革、基因技术在医疗领域如何应用、如何利用生物工程技术对新材料研发等等。

5. 消费构造的发展趋势

以汽车为例，是对车这种消费品有强烈的需求？还是觉得汽车租赁服务更吸引人？是想追求驾驶高级赛车的那种奢华感，还是将便于全家一起外出这一需求放在首位？正是因为消费者的行为在现代生活中呈现出多样性，我们才需要对消费者需求和他们的消费行为展现出前所未有的敏锐度。

6. 逐渐放宽的限制政策

政策上的限制放宽带来了更大的商机。例如，在金融业出现了网络银行、网上投保的人身意外伤害保险、网络证券、外汇保证金交易（FX）等等。今后随着在教育领域、医疗领域、农业领域等方面的限制放宽，我们会发现很多开拓新事业的机会。因此逐渐放宽限制的政策将带来开启新事业的宝藏。

7. 国际化趋势

新兴国家的崛起、资源国家的发展、先进国家的低成长化等现象说明了当今世界正处于巨大变革期。在这样一个新时代的背景下，之前被我们看作不可能实现的事业模式会腾空而出，展现在我们的面前。

创业者和企业家们必须将经济、社会构造的变化视为商机，并从中寻找开拓事业的机会，也必须有将它发展成终身事业的激情。例如从20世纪80年代到20世纪90年代，满足消费者情感需求和获取知识需求的内容服务产业（出租物品的店铺以及软件销售等）、家政服务行业（配送比萨等）、健康产业（健身房等）等面向消费者的产业蓬勃发展。另外，信息服务、人才派遣、人才开发等面向法人的产业项目也有所增加。

2010年之后，随着环境问题持续受到关注、信息技术的不断发展、IT设备的价格走低、消费的多样化、包括工作方式在内的生活方式的多样化，都给我们带来了一些商机。

探索事业时要抓住一些关于事业理念的关键词，比如：考察以往发生的各种变化，打破已有常识，以及寻找能让自己倾注所有热情的事业目标等。

事业理念如果只是"理念"的话将毫无意义，也难于评价。必须要将理念加工成为事业模式，描写"能打胜仗"的事业计划脚本（关于事业计划，与 P9 "掌握引导事业成功的战略" 中的各要素相关）。

如果想将新事业的构思创意升华成一种事业模式，那在启动事业之前需要对其进行一定程度的评估。可以通过图表序 -3所示的两个视角对其进行评估，即 "是否具有市场魅力" 和 "是否能建构自身的竞争优势"。

图表 序 -3 判断是否具有事业性的两个视角

是否具有市场魅力

· 规模大小、成长空间

· 谁是顾客、对方有什么样的需求

· 提供的价值是否被社会接受

· 有怎样的相邻环节

· 拥有的市场是否广受社会好评

是否能建构自身的竞争优势

· 谁是竞争对手

· 能否建构自身的竞争优势

· 竞争优势的持续时间

· 对进入新领域的事业开发有无准备

· 以往的自身优势是如何产生的

· 清楚自身对资本和劳动力的需求量，以及面临的风险

· 是否有应对突发情况的替代方案

另外，"是否能取得收益" 这一点与两个视角均有关联，因此对 "收益" 要有充分的认识。在竞争中取得了胜利，但在实现收益化这一点上

苦苦奋战的企业不胜枚举。关于这一点我将会在事业模式的部分做进一步的分析说明。

8. 与利益相关方的关系构筑

这是战略论的内容之一，在构建事业模式和筹划制定事业计划时要明确的一点是：必须建立起与企业利益相关方的良好关系。

企业的利益相关方指的是与公司相关的人、企业等。具体说就是顾客、企业员工、供给方、客户（广告代理店、公司办公楼的所有者、设备和备品的提供方）、股东、银行、租赁方、合作伙伴（本部、加盟店、认可证颁发方等）、各领域的专家（会计师、律师等）、还包括社会整体（图表序-4）。

特别是对投资创业者来说，所谓事业的创造是从零开始构筑人际关系（与企业利益相关方的关系）的过程。让所有的利益相关方都满意是让对方今后也有意向继续合作的关键。缺少了这点，发展事业就无从谈起。

无视客户利益，只顾着自己公司能获得利益的企业注定无法长久。"我赢你输"这种关系一定会在某方面使事业受到重击。只有同所有的利益相关方建立"双赢"的关系，将所有人的满意度提升到最大程度才能带来事业的成功。

从另外一个角度看，事业的初创期至成长期过程中，避免利益相关方的关系陷于瓶颈也是扩大事业的一个关键。例如，企业处于成长期的时候，如果团队中没有一些实干家，企业是不会继续往前发展的。即使找到了某些商机，继而想扩大事业对此追加投资，如果没有出资方的资金援助，也会陷入瓶颈，错失良机。因此我们要有和所有的利益相关方长期保持"双赢"关系的意识，在与对方建立关系方面我们要争取主动再主动。

图表 序 -4 企业利益相关方（具有代表性的）

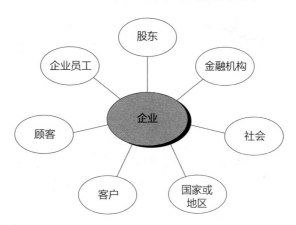

（二）掌握引导事业成功的战略（参考已有的成功模式）

开发一项新的事业并制定"能打赢仗的战略"是至关重要的。投资企业的资源常常受到各种限制，在此情况下"战略"因素显得尤为重要。以下是在策划制定战略时值得我们探讨的基本问题（图表序 -5）。

图表 序 -5 制定新事业策略的要点

策划事业理想
选定事业的开展范围
实行利基策略
确立具有持续性的竞争优势
先行者获取最大利益
高效的执行力
确保经营战略的自由度

1. 策划事业理想

所谓事业理想是面向未来的一种态度。在经营环境日益变化的今天，保持动力和向心力的重点是要有明确的事业理想。制定事业理想时，必须要弄清楚"为什么要做这项事业""要将这项事业做到什么程度""如何开展下去"这几个问题。

2. 选定事业的开展范围

"选定事业范围"说起来就是"选择战场"，一定要选择一个"能够打胜仗的战场"。通过设定适当的事业范围，锁定自己想要提供的产品和服务、确定企业发展的基本方针和方向。因此，在启动期选定事业的开展范围是特别重要的操作。明确了事业范围之后才能将现有的经营资源集中使用在此范围领域，企业整体才能决定战斗方向。

3. 实行缝隙战略

缝隙战略是较小规模的企业和部门为了避免在市场上与大企业发生正面冲突而受其攻击，选取在特定的市场发挥其专业优势、提高效率，从而维持自身收益的战略。在开发某项新事业时，缝隙战略可以说是一种常规做法。

大企业若想创造自身的新优势，从而满足未来成功扩张的需求，那么采取缝隙战略是非常有效果的做法。

缝隙战略的优点之一是能自主制定"竞争规则"。也就是说，不用在其他企业制定的竞争规则中经历各种艰难困苦，是在对自己有利的环境条件下进行战斗。

4. 确立具有持续性的竞争优势

企业在长期发展事业的过程中，必须要构建自身的竞争优势并将其持续下去。关于竞争优势来源于何处，我们可以总括为成本竞争力和价值竞争力。只要将这两点系统地持续贯彻下去，那么获胜的可能性会更大。

只是究竟哪个会成为事业成功的要素，是由行业特点和该企业现有的资源决定的，所以应该慎重考虑。

5. 先行者获取最大利益

想要在新事业中取得成功，建立竞争优势的良好循环非常重要。行动要领先于其他公司，尽快地收获经验，在建立良好循环的环节，坚定先行者获利这一信念至关重要。当凭借坚守这一信念提高了市场占有率之后，生产销售等所有企业活动都会因为丰富的经验积累和规模的扩大强化稳固自身的市场地位。大家熟知的执行事实标准的企业就是典型事例之一。

6.高效的执行力

战略正是因为高效并合理执行才具有意义。重要的意义在于，将战略分解到整个事业过程和个别的措施实施中，并传达给第一线的工作人员，同时分配给每个人的工作是他们能够做并且乐于做的。

实际上，由于战略是在某个时期做的某种假设，因此要顺应环境的变化随时对其做出改进。关键是要整合出可实行 PDCA（戴明循环）措施的组织机构，并保证此机构具有迅速调整团队的执行力。

7.确保经营战略的自由度

经营企业的过程中有时会因某些无法预测的变化而迷失方向。因此，掌握几个可选的经营战略方案可以降低风险到最低程度，做好应对环境变化的准备（要注意避免经营资源和时间的浪费）也同样重要。

在金融世界，可选方案价值非凡，在现实的商业世界中也同等重要。只有拥有自由和灵活性的企业才能更强大。

（三）网罗人才、建设团队，发挥领导力

我们常说："企业的发展和成功依靠人的努力和创造。"特别在开发新事业的时候，如何将人的力量（能力和动力）发挥到最大，领导者充分发挥对组织的管理能力和统率能力是极其重要的。

管理组织的框架体系多种多样，本书将具备明确的事业理想和清晰的经营理念作为讨论前提，围绕以下4点分别进行说明（图表序-6）。

图表 序-6 人才、团队、领导力

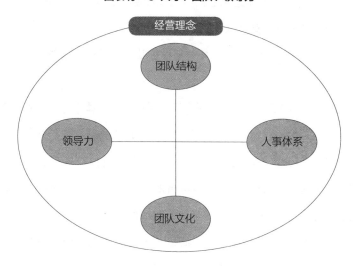

另外，第3章的"补充"中将立足于不同的观点对团队管理做补充说明。

团队管理是启动事业后的重要环节，名曰"团队"的组织其重要性在现代社会引发了众多关注。

一般说来，当事业规模超过了一定程度（工作人员有数十人）时，团队结构、人事体系、团队文化的重要性也随之相应增加。这3点对于投资企业来说更为重要，因为投资企业开展一项新事业意味着又创立了一个新的公司和企业。企业中（特别是大企业）的新开展事业大多时候由于无法制定领导力，因此其重要度可能会有所下降，但是在对员工工作方式产生的影响方面是不变的。因此即便是企业内部的新事业项目，领导者也必须清晰客观地认识到这4点的意义和影响力。

领导力在事业创造的任何环节都很重要，以下我将做详细说明。

团队结构（权限、职务范围、做出指示命令的体系等）的情况是：事业启动之后的一段时期，企业内部组织虽还未完善，但是开始运转业务的企业不在少数。虽没有细致的分工，但同时执行多个任务的情况也很常见。领导者最初熟知全体成员的名字，每个人担任的业务内容也比较了解，所以此时并不需要划分细致的团队结构，但是如此这般下去的话一定会阻碍企业发展。所以一方面需要维持团队现阶段的平衡状态，另一方面要构建在自身阶段和经营环境中有效发挥各自职能的团队组织。

人事体系（薪酬制度、评价制度、社会福利等）的情况是：如果员工感到制度不完善或者分配不公平的时候，多会严重挫败士气，造成士气不振，因此这点需要注意。

发展中企业内的新事业，由于沿用的是企业原有的人事体系，所以不会有很大的问题，但是投资企业为了激发员工的个人动力首先要合理完善人事制度。

团队文化是企业员工行为实施和决定其意识的来源和依据，也决定了工作环境的氛围。不管是投资企业还是发展中企业内的新事业，营造良好的团队文化和氛围都是极其重要的。团队文化可以说是决定未来企业文化的经营资源。

领导能力在新事业开发过程中是不可或缺的要素。领导者在激励员工努力达成目标的同时，也需要具备能够培养优秀人才的领导能力。这一点在营造良好企业文化方面占主导地位。

其次是团队管理。优秀的人才只是聚集在一起并不能为团队做出贡献，因此制定团队规范、适当的人员配置、确保有能够互补长短的员工、领导者与员工的有效沟通等方面都是值得注意的地方。

创业者和企业家需要具备的最重要的特质是什么呢？

顾彼思商学院曾将创业者和准创业者作为调查对象实施过调查。调查结果显示：调查对象认为，一个领导者最重要的是其本身具备的能力和不逃避的态度，还有对企业的经营能力。

事业创造和创业需要付出极大的精力和体力，因此选定的事业领域必须是领导者自身感兴趣而且是有决心能够为之长期奋斗下去的。正因为如此，才需要领导者勾勒出一幅有明确目的的理想蓝图，并将经营资源集中在蓝图实现上，同时保持一定的速度发展事业。

从零起点创造新的价值，从事业创造期的熟知环境、发现事业机会、集结人才、构筑和企业利益相关方的良好关系，到实践正确的战略、经营方式等诸多方面，以上这些都需要完美的平衡和满腔的热情。

（四）熟知资金调配投入的方法

同企业内的新事业会受到总部的资金援助，与这种情况不同，投资行业的创业者由于经营资源有限，所以需要有更多的可选择的资金调配途径。如果债务（银行、社会保障制度）、抵押资产的净值（投资者、风险投资）各自都有一定的选择范围的话，会降低风险并增大交涉力。

在此基础上，我们要重视现金流量的经营理念，如果只追求数值上的利益，那么我们会失去提高企业经济价值这个本质追求。特别是投资企业如果想概括性地测定企业的经营成果，也想让事业内容持续开展下去，那最理想的方式是采取重视现金流量的经营理念（毋庸置疑，对于没有其他可依靠事业的投资企业来说，现金溢缺意味着破产）。

之后就是要摸索适应现阶段发展的最合理的资本构成。负债的增加导致破产风险也随之增大，如果资本增加了，那么借用资本利用率的效果会降低。因此最关键的是要平衡负债和资本的比率，并符合企业的各个发展阶段。

分析投资时期和风险与回报是影响公司未来发展的重要环节。因此，构思投资计划的同时进行正确的分析和评估,对于资金能力较弱的企业初创期来说是很重要的。

将财务预测作为前提条件,不论对投资企业还是已有企业内部的新事业都是关键的。就算是大企业,在着手新事业开发之际也肩负对企业内外的利益相关方说明财务的责任。企业为了使事业存续下去,既要掌握资金的流向,也不能懈怠财务管理。同时要对维持企业活动的所需资金进行预测,并做到能随时掌控。

对投资企业来说终极的资金调配就是公开股份(公开募股),这种方式超过了资金调配的范围,与企业的经营目的和战略有密切关系。

另外,熟知资金调配的方法也很重要,同时,我们要思考能相对降低"资金调配的重要性"的事业模式。

(五)持续强化管理体系

所谓管理体系是指并非仅限于信息体系上的能有效推动经营的组织结构。本书将主要的管理体系列在图表序 -7 中,其中包括会计体系、人事体系、决策体系、信息技术体系。另外还有一个比较灵活的要素:经营理念。运营以上体系的管理团队通常指的是广义的经营体系。

财会体系不仅是实行 PDCA 时为之所用的强有力的工具,也是基于数据制定正确决策、基于事实沟通交流的基础。管理会计体系如果太薄弱就无法对所需资金进行预测和调配。

关于人事体系我想指出:有雄厚实力的企业不会满足于老一套的人

事制度，他们会导入独特的制度提高员工的工作积极性。我将在第3章详细说明此项内容。

决策体系在当今我们这个讲求速度的时代非常重要。但是并不是单纯地追求快速，而是需要全体员工正确地、愉悦地按照上层发出的指令行动。在本书中我们将探讨为了实现以上目标该做出何种努力。

图表 序-7 经营体系

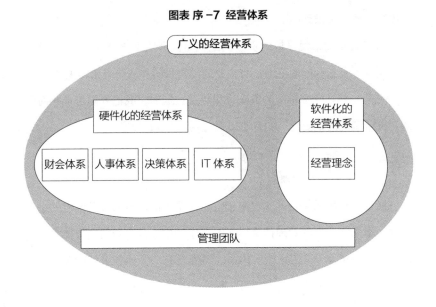

信息技术体系不用我说，大家都应该有所了解吧。由于信息技术的不完善造成的金钱、时间上的损失是巨大的。在将成本放在首位考虑时，与其息息相关的管理合理化和提高生产效率（对计算机系统的有效利用

等）非常必要。在经营企业方面充分利用信息技术已经成为常识，可以将前3点作为基础设施。为了迅速适应市场的变化，也需要在早期战略性地完善信息技术体系。

以上提到的几点都可以称之为"硬件化的经营体系"。将团队从30人增加到100人，又从100人增加到300人。如果想超过一定的规模，必须提前构建组织的硬件（组织的基础设施），不能让它成为企业发展的绊脚石。

像这样组织的硬件部分固然很重要，但是作为一个团队组织来说最为重要的是代表经营理念的"软件化的经营体系"。虽然被称作"体系"有些不当，但是若想培养员工的团结精神和提高他们的积极性，以及扩大企业规模的时候，需要将"软件化的经营体系"作为一个不可缺的要素逐步渗透到全体员工中去。我将在第5章里将这部分内容总结成主题为"软件化的经营体系"，并做进一步的讲解。

最后是管理体系。大家通常将这一主题作为"领导能力论"的一部分加以讨论分析。然而，现代社会的经营局势是复杂多变的，无论创业者和企业家多么优秀，仅凭一己之力不可能高效地管理团队和发展事业，因此非常有必要使管理体系充分发挥功能。不论硬件化的组织也好，还是软件化的经营体系也罢，筹划方案和贯彻执行是在领导者的统帅之下由团队全体成员共同完成的，本书中的第5章将重点介绍这部分内容。

第
1
章

构思与事业模式、事业计划

任何事业都是以构思创意作为起点的，要时刻关注各种不同的经营环境，并有强烈地发现创意的热情，然后需要将好的构思创意具体化，对其反复提炼最终形成一种事业模式发展下去。只有不断地充实事业战略和财务的各项内容，这个事业模式才会成为具有凝聚力的成熟的事业计划。

一、努力成为"世界第一的策划公司"

CCC 集团运营着包括遍布日本各地的、租赁音像制品等文化产品的 TSUTAYA 的集团。到2009年12月为止，其店铺总数达1400家，是日本最大规模的音像租赁集团。CCC 集团最初将自己的经营理念定位在"通过向年轻人提供电影、音乐等媒体的租赁服务，使他们能达到自我实现的目的"上。

CCC 集团创业于20世纪80年代，这个年代出现了满足于物质生活的团块世代，在这之前出生的人的想法早已成为过去时，因此彼时的创业者增田宗昭分析了：今后的年轻人在拥有了物质后会做些什么？会选择怎样的人生？这类的问题。于是他超越了以往的"把东西租给对方赚租金"这种租赁服务，确立了自己的事业目标。

增田将自己的公司定位于"企划公司"，而不是"流通行业"，并下定决心将它发展成"世界第一的企划公司"。在这个信息技术飞速发展的新时代，他面向大众提供视频音像、CD、书籍等代表年轻人的文化商品，将店铺运营成不受时间（包括深夜）、服务对象的限制，并让人们可轻松随意地租借物品的会员制场所（包括24小时便利店等）。增田有个想法，那就是像金融行业那样将租赁行业运营成收益很高的行业，（1天能实现10%的利润）。

到了1983年，32岁的增田和其他两位合伙人独立创业，将地点设在了大阪府枚方市的枚方站前大楼，命名店铺为"茑屋书店"。为了给人们留下老字号的印象，他选择了大多数人都会读，但是字形较复杂的"茑"字。与此同时，"书店"两字也赋予了店铺新的意义，从这种意义上说，"茑屋书店"并非是录像带租赁商店或者唱碟租赁商店，而是在日本已经有3万家店铺的新型的文化信息发源地。

书店开业后经营状况非常顺利，增田每天忙于接待各方客户。1984年书店迎来了新的转折点，大阪府吹田市的江坂成了新兴的年轻人一条街，受到大众的关注，于是增田将第二家直营店开在了这里，当时成为一大话题腾空而出。从这时起增田开始招募加盟店，正式开始了发展加盟店的事业模式。

二、以网络化为目的的基础设施建设

当时租赁录像带、唱碟的店铺大多利用 POS（销售点终端）实行会员管理体系。店铺通过这个终端管理几千人的会员和大量的影音主题数据，而这个终端是每个店铺能掌握畅销商品的工具，因此备受关注。

然而，增田用与其他公司不同的观点看待此次潮流，他在探索中终于有了头绪，于是开始推进 FC（特许加盟）事业的开展，从中发现了网络隐藏的巨大力量，为了使强大的 FC 总部充分发挥其功能，他认为计算机系统绝对是不能缺少的要素。在取得了笠原和彦（TCard & 市场销售董事长）的提携后，成功地导入了最理想的经营体系。

1985年9月20日，用计算机将店铺运营、商品配置、培养员工、进货系统化，并且为了推进 FC 店铺的网络化，增田设立了以"面向大众提供文化服务的便利店"为事业理念的 CCC 集团，同年11月签订了正式协议，加盟店1号店"茑屋书店大和郡山店"开业。

三、成长和扩大——"发展能力"和"网络化价值"

1986年 CCC 集团为了扩大已经快速开展的 FC 业务，与日本出版贩卖集团（以下称之为日贩）联手。此时 CCC 只是一个有两家直营店和一家加盟店的小规模连锁集团。但是，增田向日贩描述了对未来的展望和整体的事业构思，从而明确了店铺的收益、与合作方的合作、计算机网络、顾客管理、如何使用顾客的消费动向数据、如何以消费动向数据为依据分析并购入商品、影像制品的进货和发货等方面内容。另外，CCC 集团在同行业中领先于其他企业引进 POS 用于日常经营活动，如此一来，增田采取的这一系列举措获得了日贩的好评和支持，CCC 集团由此正式取得同日贩的合作机会，开始了商品的租赁代理业务。

之后，CCC 集团的 FC 业务也随之稳步发展，基础设施的建设也得到了进一步的完善。同年（1986年）12月，日贩十条影像制品中心开业，它是日本首家影像制品综合物流中心。此中心通过计算机网络实现了和 CCC 集团总部的线上连接，并作为 FC 总部提高了集团整体的事业发展效率。

集团将30%的总销售额投到了对 POS 系统的导入上。就像笠原提出的"我们致力于开发能够充分利用顾客信息的系统"那样，在那之后，30亿日元被用在了对硬件系统的建设上，同时40亿日元被投入在计算机系统的构建和完善上，这个被投入了巨额资金而构建形成的系统成了 CCC 集团的巨大支柱，顾客数据也慢慢庞大起来。1988年10月集团设立了管理、加工、运用顾客数据的相关公司 Addams（之后更名为 T-Card 公司）。

同时，集团预见到通过降低价格可以扩大影音制品的销售市场这个趋势，所以一方面进一步加强同软件供给公司的合作关系，另一方面与伊藤忠商事共同出资设立了销售影音软件的公司 Video Chanal Japan。除此之外，还继续加强了 FC 店铺销售商品以外的其他渠道的销售业务。就这样，CCC 集团不断成长，1989年有477家店铺，1990年增加到560家，1991年继续扩大到640家，1992年到了拥有了750家店铺的规模。

伴随着 CCC 集团的发展动向，以个人经营的店铺为主，许多公司企业的租赁事业相继退出市场，经过行业内的重组后，CCC 集团在行业的占比达到了20%。1993年开始，集团注意到在东京和大阪的一些住宅密集地区租赁店铺发展缓慢，且未被普及，因此集团在住宅密集区投资建设了一系列名为"文化便利店系统"的小型租赁店铺。标准规模的店铺面积为30~40坪，一般都集中在流动人口非常密集的商圈，小型店铺的投资额仅为标准店铺的一半，约8000万日元，虽然是低投资但是十分实用。

2000年4月26日，CCC 集团在东证上市，增田对上市原因做了如下的说明："为了实现开3000家店的预期目标，增田商店式的私人公司力量是有限的……我目前最关心并且认为最重要的事就是完善集团的 IT 系统，如果想第一时间通过信息网络对应和处理已有店铺的问题，是不能依靠单个的 FC 店出资解决的，一定要投入大量的资金时刻准备着完善网络体系。"

关于上市后筹措到的资金用途问题，CCC 集团发布了2个计划：投入建设 TSUTAYA online 系统；为了达到3000家店铺的规模，投资建设直营示范店。

在发展以上事业的基础上，CCC 集团于2003年开始着手积分卡事业内容，2006年3月加盟店事业部门从集团分离出来后归属到 TSUTSYA，并过渡到 CCC 为纯粹控股公司的控股公司制。

四、TSUYAYA online（TOL）

1999年7月，CCC 集团运用信息网络创建了 TSUTAYA online（以下简称为 TOL）。主要的服务内容是面向携带式终端和电脑用户提供影音制品的库存情况和新作品、CD 发行等相关信息。通过信息网络获得的各种数据用于促进店铺的租赁和销售，并将实体店真实的经营资产与采用网络虚拟化的经营方式相结合，达到了相辅相成的促进效果。比如，通过向会员发送限时优惠的打折券可以大幅增加顾客数量，店铺的收入也会相应增加。

据调查，与不领取打折券的顾客相比，领取打折券的顾客光顾店铺的比例要高出35%。所以通过向顾客发送新品到货的通知邮件，对激起顾客的商品购买欲望是非常有效的。

与采用相同策略的其他企业比，TOL 是成功的典型，究其成功的原因是 CCC 集团对已有的顾客数据进行了详细的划分。划分的不仅是顾客的住址、年龄等有关属性的数据，还有通过顾客以往的租赁订单和曾经购买的商品对其爱好进行分类，利用数据库就可以向每位顾客推送符合他们兴趣爱好的企业信息。

2003年之后，TOL 继续加强与 TSUTAYA 店铺的联动，在提供信息服务的同时，开始建设收费的事业项目。首先，TOL 强化了电子商务交易，其次向大众提供 TSUTAYA 店铺里没有的商品，同时推广了在各个TSUTAYA 实体店都可以领取网上购买的 CD 和 DVD 的服务项目。

同年11月，TOL 在各个加盟连锁店开展了名为"Kurimori君"（向会员线上发送折扣券的活动促销系统）的服务。各个连锁店根据所在地区的特点和同行业同地区的竞争情况推出了独具特色的宣传促销活动。2005年集团开始制作在手机上能翻阅使用的商品目录，2006年4月设立了小额收费网站，开始面向会员推送商品信息。

正是因为集团上下团结一心的努力，TOL 的会员数从初始期开始就不断增加，2006年末达到了1000万人，2009年已经形成了较大规模，超过了1500万人。

五、积分卡事业（T-Card）

2003年10月，LAWSON 和 ENEOS 引进了 CCC 集团的积分卡"T积分"（现在的 T-Card）业务，在 LAWSON 和 ENEOS 的任何一个店铺购买商品都可以获得 T 积分，由此开启了集团的积分卡事业。这是继TSUTAYA 店铺、TOL 事业之后集团第3大的经营主体事业。两年半之后的2006年3月有24个公司企业推广 T 积分，实施店铺总数达到26470家。

CCC 集团的未来蓝图设计中，包括将 T 积分构建成日本国内最大规模的积分服务平台，计划在5年内与 T 积分相关的业务年流通额达到一兆日元。为实现这个目标，最好的办法就是能将 T 积分直接用于购物，所以集团需要与能够兑换积分的企业合作。与集团以往的事业项目不同，积分卡事业原本就是建立在向合伙企业开放的理念上推进的。

T 积分服务的厉害之处在于：促进 TSUTAYA 会员来店消费，并提高了对顾客数据的分析能力和销售技术。在24小时便利店里购买商品，如果有可以获得积分的店铺和不能获得积分的店铺两种选择摆在面前的话，TSUTAYA 会员选择前者的可能性更大。对于合作企业来说，超过2000万人的 TSUTAYA 会员数无疑是充满无穷魅力的。

TSUTAYA 虽然准确地掌握着每个会员的住址、姓名、年龄、性别等信息，但是难于掌握一般的小店铺的信息，其程度无法达到对个人会员信息的掌握。在合作企业看来只要灵活运用在租赁影音制品时代培养起来的顾客数据，就可以有效地推广营销策略。

积分服务的一元化不仅可以削减顾客信息管理和系统开发的成本，对合作企业来说也是很有吸引力的。比如，CCC 集团合作企业之一的北村相机在2006年春天废除了自己公司的积分卡，转战 T 积分，目前其旗下的所有店铺统一开展着 T 积分服务。

关于这项事业，增田做了如下的表述：

"刚创业没过多久，我用2亿日元买了2个吉咖的硬盘，当时大家都嘲笑我，他们说用那么大的容量存数据有用吗（笑）？但是我始终认为数据就是最宝贵的财富，所以我一直保留着从创业到现在收集到的所有数据。"（财部诚一公式网站"经营者之轮"，2008年9月）

"今后的店铺不仅是销售书籍和 CD 等商品的通道，也是塑造TSUTAYA 的一种传播媒介。关于一些具体的措施，我准备将具有同一属性的特定顾客对接到企业，然后以此为能收获成果收益的基础继续整合数据库，另一方面，我们也可以向顾客推荐与生活方式有关的所有信息。"（采访节选，2006年）

"零售连锁店在招揽会员时会花费较多的成本和人力财力，如果和 CCC 集团合作会立刻拥有3000万的会员。7月到9月仅仅这3个月里在TSUTAYA 和其他合作店使用 T 积分卡购物的金额已经超过3000亿日元。人们在越来越多的店铺使用 T 积分卡，因此它已不是只属于哪个公司的会员卡了，在日本，我想让它成为积分卡的标准和示范。"（日本经济新闻，2009年1月16日）

"T 积分卡事业会在3年之内追上 TSUTAYA 项目的盈利。"（同上）

尽早发现一个新的事业机会，并且将它精心培养成一定规模的 CCC 集团，接下来是如何推进这项事业的呢？

事业构思是事业的源泉

一、创意构思是新事业的源泉

要开始一项新的事业，必不可缺的是新颖独到的构思创意。想到一个谁都没有想到的新颖创意，这的确是件很了不起的事情。想到的点子即使难于实现，但是如果巧妙独到的话也是一件不错的事情。以是否能被大家接受这个角度来说，新颖的构思成就好事业的可能性更大。

不管怎样，只有有了新的创意，才有可能开展一项事业，不会有从天而降的馅饼。从最开始的"只是个想法"，后来慢慢地被充实扩大，到最后形成一个具体的事业，是一步步达成的。

也许有人在想：不费任何功夫，新颖的想法一个接一个地出现在我的脑海，这是一件多好的事情啊。的确，如果是天才的话不用费太多功夫就可以用自己的方式开创一项新的事业。

然而，不是只有极少数的天才才拥有开创新事业的资格。如果真的是这样那这个世界上的创新会更少。著名的3M公司作为革新先驱抱有"让普通的人做不凡的事情"这样的信念。

创意构思是开创事业的起跑线，即使不是天才也完全可以将它付诸实际，其实这样的企业绝对不在少数。即使不是天才，但只要肯下功夫并做出努力，完全有可能注意到身边的好创意。

二、量到质的转化

有句话是："将创意从量转变到质。"这句话说明了在多个创意里面存在好创意的可能性更大。100个比10个、1000个比100个创意中更能发现好的创意，数量越多概率就越大，关于这一点我想大家不会有疑问吧。

历经了"制造更多的创意"这个过程，也会有效地开拓发现创意的思路，磨炼我们发现创意的敏锐感觉。与第一次写宣传口号的人相比，熟练的专业撰稿人员想出一个好的文案要更容易，这是不难想象的。

图表 1-1 量到质的转化

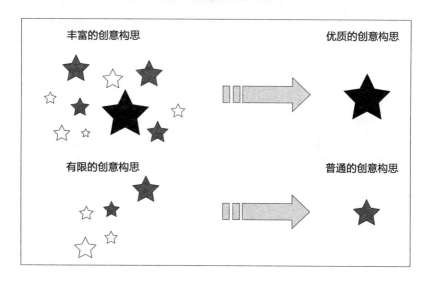

整合优质创意很重要，将大量的创意放在一起进行对比，观察什么样类型的创意更多一些，然后分析其优点在哪里，并将其他创意的优点搬过来，替换不好的地方。总之，创意的数量最终是能够向质量转化的。

那么我们就谨记这一点，接下来再来考虑一下事业创意该朝着一个什么样的方向开展吧。

图表 1-2 种子创意和需求方的想法

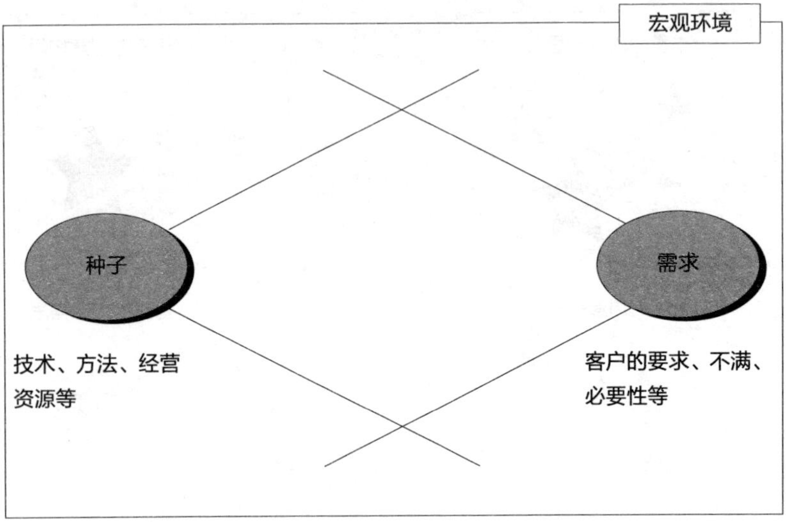

宏观环境

种子

技术、方法、经营
资源等

需求

客户的要求、不满、
必要性等

三、能够产生创意的视角

即使没有很快地想到巧妙独到的创意，也不能焦虑。视角决定了一
个创意的产生。首先，向大家介绍一个最基本的"将宏观环境融入种子
想法和需求想法中"的途径。

（一）种子创意

例如，某天一个偶然的机会，发现了一种虽没有很强的粘合力，但

是可以反复揭下来粘贴的胶带，那么我们该如何使用这粒"种子"呢？
这个就是种子创意。这其实是源于3M公司的 Post-it（即时贴）的真实
案例。

专栏：Post-it

1969年，3M 的研究人员原本想开发一种黏性很强的黏性胶水，但
是却研制出了与期待不符的产品，这是一种"很容易粘上，也很容易揭
下来"的奇妙的黏性胶水。

这个研究人员向公司里的所有部门介绍了这个发现，也四处询问了其
他人在什么地方能用上这种胶水，可是根本没有人把他的疑问放在眼里。

1974年的某个周日，在教会里翻着赞美诗歌本的研究人员看见夹在
标记处的纸条滑落了下来，突然想到了5年前开发的黏性胶水。就这样，
这种奇妙的黏性胶水第一次被赋予了一个具体形象。

在这之后，3M 历经了多次试错，终于将这粒"种子"商品化，并
于1980年将此产品命名为 Post-it 推向市场。

能够正确认识到本公司或者这个世界上有什么样的技术和资源的人
实际上不太多。审视公司和社会的已有资源是一件很重要的事情，因为
独到新颖的创意有可能会从这里产生。

另外，最好将自己的着眼点放在已存在事物的功能上，以及它有可能实现的价值上。例如电车，它不仅是运送乘客的交通工具，也是人员密集的场所。人员密集的场所也就意味着在这里适合向大众传播信息。有即使付费也想张贴广告的人，但是能张贴海报和广告的空间毕竟不多，所以电车作为一种广告载体是值得期待的。

在 MOT（科技管理）的世界里，有种叫作 MFT 的框架结构（图表1-3）。这个框架在重点技术和市场需求之间引入了一个叫作"功能"的概念，就很容易捕捉到使技术产品化和事业化的形象了（技术人员习惯用"技术用语"描述自己公司的技术）。

图表 1-3 MFT 框架

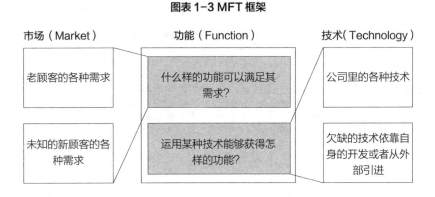

例如图表1-4所示，ZEON 公司认为自身的核心技术就是实现玻璃透镜应该具备的"透明""高折射率"功能，所以将 COP 光学材料应用到

了光学镜片的研发事业中。图表1-5是应用新的价值和功能制造出新物质的实例。

图表 1-4 ZEON 公司加入开发 COP 光学材料的研发队伍

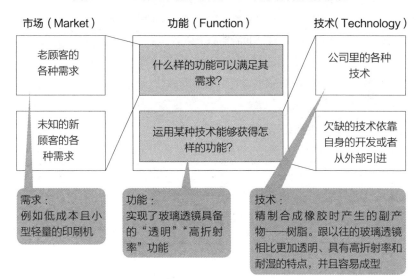

在这里举一个特例，如果一个剧场需要开发新的创意，那就可以将如图表1-6所示的功能和价值作为基础去思考，这就是种子想法。

图表 1-5 应用于研发新产品的示例

炸药

可以使气体快速膨胀（良好的膨胀力）

→可应用于安全气囊

好热性细菌（生长在温泉等地方的细菌）

即使在高温下也能合成 DNA

→可应用于 PCR（聚合酶连锁反应）

对分子生物学的发展有所贡献

发光水母

含有发光的蛋白质和遗传因子

→可用于研究基因的应用途径

图表 1-6 剧场和商业构思

特点	功能、价值
人群聚集地	·可以提供广告和促进宣传的机会
地标性建筑	·可以出售命名权
完备的视频音响设备	·可以举办生动有趣的会议
非日常生活空间	·可以向观众提供后台化妆间的参观体验服务

（二）需求方的想法

设想电脑的价格如果下调到1万日元以下，那么在这种状况下电脑会产生什么其他的用途呢？这样的想法就是需求方的想法。

有可能会诞生从小学一年级开始就一人一台电脑的不需要教室的义务教育，那适合低龄儿童使用的应用程序的开发需求也有可能大幅增加，并且字母的学习期有可能会提前，为了适应新的学习环境有可能会出现新型的学习辅导学校等等。

了解人们在什么地方会深感困扰或者觉得不便，也会迸发出需求方想法的灵感。例如你在医院接受治疗的时候，想过医院和医生是否是最适合自己的这个问题吗？如果有为患者匹配最合适的医院和医生这样的一种服务，使用这个服务的人想必一定很多吧。

满足了以前没有被满足的市场需求（潜在需求）而成长起来的企业中，有个企业叫作 ABC Cooking，它瞄准了年轻女性"没有自己能去的厨艺学习学校"这样的需求后，进而开展了一系列的事业。

一般来说，在生产物资的企业里顾客的需求多会转变为直接（物理性的）功能。另一方面，生产生活消费品的企业大多追求超越物理性的实在价值，也就是情感价值。

因此，有必要站在消费者的角度多维地思考消费者到底追求的是怎样的情感价值。除此以外，在思考需求方想法的时候还要关注以下几点。

1.要关注本质（根源的）需求，而不是表面需求

对眼镜的本质需求是什么？并不是"想戴眼镜"，而是"想看得更清楚"这个本质需求。

2. 要关注"顾客的顾客""顾客的竞争力"

对方如果是法人的话，企业一定会致力于针对他们的顾客创造特定的价值从而提高竞争力。那怎么做才能对这个特定价值的创造有所贡献呢？

3. 要了解买手、用户、经营者等相关人员关心的问题

在法人事业中各个相关需求都存在细微的差别，所以重要的是要了解哪个才是首要需求。

（三）宏观环境要素的融入

与企业发展息息相关的政治因素（政策限制、政策废除等），经济因素（通货膨胀、不景气、日元升值等），社会因素（人口的动态变化等），技术因素（IT 的普及等），总之要从环境的变化中去思考新的种子和需求，这个过程在构思创意的时候是非常有价值的。特别是将来（3~5年后）确定无疑会发生巨大的变化，在环境变化的背景下，一个事业创意实现的可能性会更大。实际上，关于1万元电脑这个话题，将功能设定限制在某个方面从而开发出来的电脑已经在售了，价格约为300美元（2009年），只要有大企业表示将会开发生产100美元左右的电脑，那就说明我们在这里讨论的内容都是可以变为现实的。

政策的放宽和人口减少这类很容易预测的环境变化，已经属于人们绞尽脑汁苦苦思考的领域了。因此，基于这种类型的环境变化而产生的

创意和想法已经是其他企业想到的或者正在付诸实践的，因此很容易被效仿。

要想拥有能辨别确定性和不确定性的敏锐的感受能力，就要使大脑持续运转起来，其实这是一个非常艰难的过程。但这也是测试自身拥有的独特感受力的过程，是能体会探索新事业创意的幸福瞬间。

促进创意的产生

以上是我对通过关注种子、需求和宏观环境能产生事业灵感的部分作的说明。然而新颖的创意并非是突然从"零"被创造出来的。倒不如说，大多数情况下正是因为对各种各样的事物有过深刻的思考，才获得了新的信息和刺激，从而产生了好的想法。

一、扩大加深基础知识的广度和深度

我们要从日常生活中扩大知识的广度并加深其深度，这有助于提高发现优质创意的可能性。广博的知识储备相当于创造灵感的抽屉。

具体来说，平日里就要关注如图表1-7所列出的内容，并且要在可能的范围内将自己从事的事业结合起来分析思考。

图表 1-7 扩大加深基础知识的广度和深度

- 尝试从不同的观点看待问题
- 要想"为什么会发生这样的事情？""是真的吗？"然后着手调查
- 以时间顺序追溯事物的发展，尝试去把握其动态情况。并预测未来有可能会发生什么
- 将类似的现象和相反的现象放在一起进行比较分析

以下，我们分别举例来进行说明。

（一）尝试从不同的观点看待问题

立足于客户的立场和供应商的角度看待问题是特别行之有效的方法。例如，要构思一个计算机组装事业的模式，但是已经有像惠普、戴尔、宏碁这样强劲的对手了，那我们要思考的是"他们在哪方面还没有满足顾客的需求？""供应商有什么不满？"这些问题。

或者我们可以尝试思考一下"有没有人认为大家觉得不好的地方反而是好的呢？"这个问题，其实这也是一个很好的办法。比如环保手袋可能利于环保，但是在防范小偷盗窃方面却存在不足，需要改进。还有零售商实行的"无条件退货"，从销售学的观点来看确实值得赞赏，但同时也加重了环境负担。所以，我们要站在各种角度、各种立场发现市场的不足和人们的不满，这将有助于今后的事业创造。

视点的多样化并不仅用于创意的产出方面，也可以运用在第2章的

战略企划和第3章团队运营中，我想指出的是，不论在哪一方面，用多样化的视点观察来解决问题都是有效的。

（二）要想"为什么会发生这样的事情？""是真的吗？"然后着手调查

近来，宣传媒体的广告收入大幅缩水，导致经营陷入困境。这时候会想"因为经济环境太严峻了所以广告费被削减得很厉害"，这样的想法绝对无法成为新事业灵感的思维基础。关于广告费削减，以上的原因确实存在，但是其实还有其他各种原因。

- 丰富多样的报道、社交媒体成为宣传媒体的替代品轮番登场。
- 消费者对宣传媒体失去信赖，并有远离倾向。
- 宣传媒体自身不思进取，疏于努力。

其实，找到正确答案并不是目的，而是要先于他人一步思考"为什么？""是真的吗？""还有其他原因吗？"这些问题。我们必须采取一种开放的思维和深究问题到底的态度去面对。

（三）以时间顺序追溯事物发展，尝试把握其情况，并预测未来动向

为只做一次的交易收集信息是无用的，一定要观察整体更大的市场趋势，如果有可能的话也要了解曾经风靡一时但现在已过时的趋势，然

后与现在的趋势做比较，从中获得的一定是立体的、有用的信息。

用不同的视角观察市场的趋势动向，在此基础上做出"会发生这样的事情吧？"的假设，这类假设对进发灵感很有帮助。比如，不婚现象、贫困家庭的增加、IT 的发展等社会变化互相交织重叠在一起会带来什么影响，又会给我们带来什么样的事业机会呢？

归根到底，对未来的思索其实不会有正确的答案，然而重要的是我们在思考的过程中也思考了各种原因和重点因素。系统地思考未来的方式中有一种被称作"剧本设计"。在设计好的剧本中，将"有可能会发生"的多种未来分成几组来讨论，达到用全局角度、用长远眼光系统地看待问题的效果，获得团队共有的"未来的记忆"。

同时，观察并且充分了解特殊产业的成长曲线也是有效手段之一。比如，一旦从高速发展期进入成熟期，会涌现出很多独占细分市场的主导者。不断积累起来的知识今后也会成为开创自身事业的重要参考。

（四）将类似的现象和相反的现象放在一起进行比较分析

如果两地区在地理上接壤，可是在同一种商品的普及率上却有很大差别，那一定是有什么原因的。为什么同质化和裁定机制不发挥作用？具备什么条件才能使其发挥效果呢？宝贵的商机会不会就隐藏在这些问题背后呢？我认为这其中会有很多能赋予你灵感的启发。

我们举个宗教方面的例子吧（比如伊斯兰国家有不吃猪肉的禁忌），思考该如何解决这个问题一定会很有趣，你可以用一个能比拟它的具体事例去试着理解这个问题。

通过以上的说明，我们了解了创意产生的基础和几个典型的扩展并深化自身知识的办法。只是，不管是哪一条，我们都没有必要对它思考得过于深入，时不时地揉揉自己脑袋里已有的信息，这样做才能使知识不流于表面，而整合为能够实施的操作。

尽管这么说，最开始的时候就需要你有意识地去观察、去实行。有时你也可以问问自己以下几个问题，尽早抛弃对那种容易使自己的思路陷入无边无际、漫无目的的思考方式，让自己的思维活跃起来，至少提高与自己的事业相关且实现可能性较大的信息在大脑的出现频率。

•看待任何事物是否只停留在表面？有没有运用立体视角？

•有没有疲于思考？是否做到了尽可能用开放性的视角看待问题？

•某某会如何看待这个问题？

二、萌生创意的技巧

接下来我们再往前一步讨论一下萌生创意的技巧问题吧。我们可以运用这些技巧来提高创意的量和创意的质。

（一）对已有常识保持怀疑态度

我们在以往的经验和学习中获得了某些规则，并且这些规则已经根深蒂固地存在于我们的大脑中，那么我们在对已有常识持怀疑态度的时候，需要忘记这些规则后展开思考，也可以称之为"从零开始的思考"或者"忘却学习"。要如何怀疑已存在的前提和一般概念呢？下面举例子来说明。

在寄信的时候我们会使用邮政，可以说再没有比它更方便和值得信赖的了。一般的家庭主妇不打电子游戏，或者比较厌恶游戏之类的东西。但是，事实果真如此吗？正是因为挑战了这种既有观念，才出现了Yamato的宅急便和任天堂的Wii，并大受欢迎，取得了巨大的成功。

还有，圆珠笔的油墨是不容易擦去的，正是因为打破了这个常识，才会诞生能擦掉的圆珠笔。另外，"晃一晃变碳酸饮料"这种刷新以往常识的商品也博得了很多人气。

这种打破常规的构思创意用在事业战略上是非常有效的，为什么这么说呢？因为如果你有了一个从未被前人想到的打破常规的创意，那其他企业就算想追也绝不会超越你，在此期间，先行者就先获利，绝对优势的市场占有率也会阻挡其他企业的加入，这也就是所谓的"蓝海战略"。

例如，凭借"1000日元理发"的宣传为大家所知的"QB屋"是一个理发连锁店，它推广了"理发专业化"的创意，其事业的发展速度令人惊叹，也占有了相当大的市场。

再比如，松井证券的社长松井道夫对当时的"证券公司的实力全靠销售人员的销售能力"这个常识产生了疑问，于是他停止了销售人员的上门销售业务，用电话销售和线上销售取而代之。

"反其道而行之"的思维方法正是这个时代所需要的。

专栏：关于如何打破常识的提问

我想如果有一天突然被要求忘记常识，其实很少人能做到。所以在这里向大家介绍几个有助于"忘记常识"的提问。

问自己几个假设的极端问题。一眼看上去感觉不太可能的事情，反而需要自问。

- 为了能削减70%的成本需要做什么？
- 是否有可能把价格降到三分之一？
- 针对一个顾客的销售额能否增加到十倍？为了达到这个目的需要做些什么？

这类的跳跃式思维是不断改善现有问题而产生的思维积累，很难实现，但为了冲出窘境打开僵局是必不可少的策略。对以前一直认为的理所当然的事情要有一个全新的认识，改变陈旧的看法是这个策略的最终目标。

比如，日本的零售控股公司迅销公司持有的品牌之一是优衣库，还有一个是 GU。2009年 GU 推出了980日元的牛仔裤，这个价格打破了当时的市场常识，但是正是这样看起来很轻率不可信的目标最后却得以实现了。

"能不能以零成本制作电视台栏目呢？""能不能接近零成本制作某种食品呢？"在考虑要实现这些目标需要什么、会产生什么样的需求时，请你务必认真思考一下这些问题。

问自己几个荒唐的问题，比如像下面这种类型的问题。

• 为什么会有这项功能？
• 为什么必须要按照这样的顺序做？
• 为什么需要这个供应方？

把每一个问题深究到底的话，你就会发现如果只是得出了"因为大家都在做啊""很早以前就是这样的了"这样的结论的话，那么把最有价值的东西提供给消费者这个目的就会变得毫无意义。

刚开始问为什么的时候，得到了似乎正确的回答，但只有反复地将为什么深挖下去，才会发现其实真正的原因是很无聊的，而且这种情况比较多见。

所以，首先要把自己完全切换到彻头彻尾的外行和新人角色，然后再进行自问的话会取得更好的效果。

怀疑"优点"具备的条件。"为什么这个商品和服务的某一方面会被大家认可呢？"对某一事物具备的优点我们要持一种怀疑态度。比如一种农产品形状良好、味道也不错、有它本来的颜色（大米就是白色），具备这些条件的话就被认为是优质的。但是，如果怀疑这些条件，那因台风造成的一些比如颜色和形状不好的瑕疵农产品就可以以低价销售。

（二）与出乎意料的东西进行组合

设想一些出乎意料的组合，多数时候都会有意想不到的发现，可以试着随意组合一些元素，并将一些完全相反的或者一点关系都没有的元素组合在一起。

比如，纸质书签和黏性较弱的胶水组合在一起会产生什么呢？评价论文的标准和网络阅览组合在一起会出现什么样的服务项目呢？大型的新事业说不定就会从这些"奇妙的组合"中脱颖而出。

（三）灵活运用比拟说明

当发现有趣的事业点和现象时，要想想能不能把这些发现用在你的事业发展中。例如，我们有时会产生这样一个想法："正确地使用会无意扔掉的东西，并将它事业化。"如果深入考虑一下这个问题意识的来龙去脉，应该就会有图表1-8中所示的启发吧。

基本思路是：是否可以正确灵活地运用其他行业的行业标准。例如，优秀企业的典范英特尔，究其成功的原因可以列举出很多，如：

• 专业化运作具有高附加值产品的一部分，并获得了品牌效应（成分品牌化）。

• 了解电脑厂商和终端用户的关联，熟知顾客需求。

• 尊重物流、销售、服务行业的利益，在谈判中放低姿态。

图表 1-8 举例说明：把丢掉的东西事业化①

实例
租户的粪便可以抵房租，粪便由房东收集好后作为肥料卖给农户（江户时代） →发现完全不同的价值
利用桥梁的晃动发电 →发现完全不同的价值
从废弃物中收集稀有金属 →积少成多
回收（乘客扔在电车行李棚架上的）旧杂志后再卖出去 →花一些时间收集被扔掉的、但是价值并没有劣化的物品
制作纪念版的迷你双肩书包 →换一种方式对旧物品进行再利用
胎盘 →变换某物形态后提供价值

图表 1-9 举例说明：把丢掉的东西事业化②

从废弃物中收集稀有金属（积少成多）的思考

运用长尾理论赚钱

收集电脑的空闲计算能力，把分散的计算资源集中起来，形成强大的计算能力

收集积分卡

图表 1-10 其他示例

以毒攻毒
→与其应用隔音措施，不如通过产生另一种声音（声波）来消除声音

金融产品的"期权"
→用于商业投资决策的"实物期权"

烙铁掉落撞到墨水管，墨水喷出
→喷墨打印机的来源

出售功能少、按钮大的老人手机
→生产带 GPS 功能、仅用来通话、不能发邮件的面向儿童的设备

　　我们可以考虑一下以上提到的诸方面能否用于开展自己的事业。如果是化学企业厂商，思考"是否能用某种装置实现成分品牌化？""与某一个客户的客户是否有可关联之处？"这些问题，有可能会产生某种好创意。

（四）不要中断思考

在开展具有创造性的事业时，要养成坚持深度思考的习惯。这种不放弃的、贯彻到底的态度和新事业结合在一起产生化学反应，会迸发出旁人想不到的好点子。

可以说在一项新事业中获得成功的人都有一个共同特征，那就是"熟知相关领域的所有事情，并从未停止有深度和有广度的思考"。勤于思考坚持不懈的态度是成功的秘诀。

解决问题的关键在于不断地自问"那又会怎么样呢""还有其他的吗"。

1.反复自问"那又会怎么样呢"

"不婚化"已经日益成为一种普遍的社会现象。那从这个事实中我们能得出什么样的结论呢？大概马上会得出"面向大龄不婚男性开展的事业内容有所增加""面向大龄的不婚女性开展的事业内容有所增加"这样的结论吧。那么，"面向大龄的不婚女性开展的事业内容有所增加"这个结论又意味着什么呢？

可以联想到的是"只想要孩子的需求会增加""希望安度晚年的需求会增加"这类的结论吧。但是，前者在当今的日本社会背景下实行起来会有难度，因为大家共通的认知不允许这样做。然而反过来说，这或许是个好的事业机会。跨越陈旧的社会共通认知，满足某些客户"不结婚、只想要孩子"的需求，就有可能产生前所未有的事业类型。

所以，要反复自问："凭借这点能否在竞争中获胜？""得出的只是一个过于普通的结论吧？"一直要问到自己能产生一定程度的自信和兴奋紧张的感觉。

2.同时思考"还有其他的吗"

关于如何有广度地思考，我们有必要好好斟酌一下。前面说过，最终获得的"质"是由"量"来操控的。不要因为有了"就是这个了！"这样最初的想法就停止思考，反复自问"还有其他的吗？""还有没有更好的？"这点很重要。

因此有一个办法就是在思考的时候要给自己制定一个规则：每次要想出5~10个创意。

专栏：能产生更多新思维的技巧

要想产生更多的新思维，技巧之一就是不能一个人冥思苦想，需要大家共同的努力，共同想出好的办法来。在这里介绍几种大家都熟悉的方法，其中有进行个体思考时用到的方法，也有进行群体（最好是有不同背景的人）思考时能用到的方法。

一、头脑风暴

不否定他人提出的意见，通过这些意见不断扩大思维的范围。遵守

"排除判断力""欢迎使用粗暴的方式""确保一定的数量""重视结合和改良"这些不可更改的法则很重要。

在群体思考的时候，请注意有一些不能说的话（参照图表1-11）。

二、斯盖普法

替换？结合？应用？修正？用于其他目的？去除？颠倒顺序？就以上问题可以不断地自问自己。

图表 1-11 在构思事业的过程中不能说的话

绝对不是（绝对没有、绝对不可能）	→你不是神
那个之前做过，然后失败了	→可能是做法错误
还为时过早	→可能是你的想法太落伍
上面领导不会同意的吧	→不要归罪于他人
史无前例	→若是这样的话，不管到什么时候都不会开始做一件新的事情
凡事有规则	→真的有这回事吗
不可能实现的	→不试着做，是永远也不会知道结果的

图表 1-12 逻辑树：用1000日元购买一包香烟的时代产生的新需求

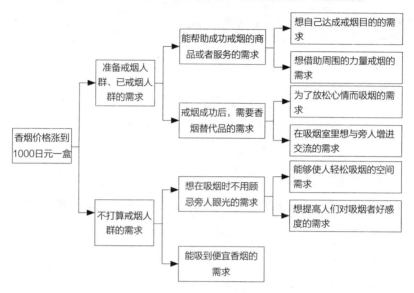

三、逻辑树

将一个主题无漏洞、不重复地呈树状式展开思考的方法就是逻辑树。探讨"广度"和"深度"具有的两面性，咨询公司经常使用的就是这种方法（图表1-12）。

四、曼陀罗思考法

利用3×3的9个格子展开思维想象的方法。将关键词写在位于中心的格子中，由关键词想到的创意写在周围的格子里，如果有继续需要思考的词语出现，将词语填入九宫格当中的周围8个格子，使其继续向外扩散。

事业创意的筛选

至此我已经说明了具有创造性的思维是产生新事业的源泉这方面的内容，也阐述了尽可能创造思维的重要性。但是最关键是要将思维创意运用到事业中去这一点。其实只要使用前述的方法，我想大家都会创造出新的思维和创意。

然而，想要验证这些有条理并且不错的假设时，最困难的事情在于难于实现。因为全部验证这些假设需要花费大量的时间，而且也不可能进行100%全面的验证。

所以，需要我们筛选能运用在实际的事业中的思维创意。如果有10个创意，那就需要将10个缩减到2～3个。

一、筛选的要点

评价重点如图表序-3所示，最具代表性的方法是用"市场的魅力程度"和"构建竞争优势的可能性"来锁定。这2个要点是验证"是否是能赚钱的事业"的终极手段。

以下各点也与之相关："我们是怀着强烈的使命感和热情去完成这项任务的吗？""能否接近自己想成为的样子？""能实现自我价值吗？""与公司战略的大方向契合吗？"等等都是重要的评价点。

最后想说的是现实中让很多企业头痛的问题。比如某项事业确实赚钱，但与公司的合作优势或者协调作用并没有发挥功能，这样的例子比比皆是。

例如，1970年初，因为开展音乐事业而广为人知的英国 EMI 的 CT 扫描机问世了。当时扫描机给公司带来了很大的收益，但是和公司原本的固有事业之间缺少有效的合作，于是出现了团队的管理问题，数年后 EMI 不得不做出退出此项事业的决定。商业便利店 KINKO'S 初创于住友金属矿山公司在日本国内的合并事业，但因与公司的主体事业方向发生了分歧，最终被变卖了出去，成了如今的 FedEx KINKO'S。

咨询公司 BCG 的组织结构里有一项名为 Value Pootoforio 的事业内容（图表1-13）。前面提到的 EMI 公司的 CT 扫描机事业和住友金属矿山公司的 KINKO'S 可以说是典型的机会事业。对企业来说，是否参与此类事业的投资，确实是非常重要的选择。

图表 1-13 BCG 的 Value Pootoforio 事业项目

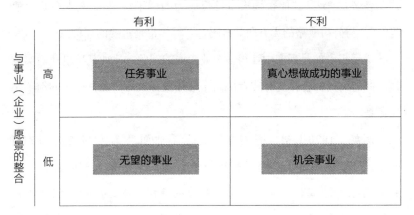

对创造事业价值的贡献

		有利	不利
与事业（企业）愿景的整合	高	任务事业	真心想做成功的事业
	低	无望的事业	机会事业

二、正确判断事业是否具有市场潜力

在图表序 -3中的评价轴中，比较难评价的是对事业是否具有市场潜力的判断。如果是药品，通过患者数量可以预测市场规模，但是这样的事业实际上并不多见。越是新颖的具有创新性的事业，那预测它的市场潜力就会愈发困难。

图表1-14 费米估算的示例

芝加哥有多少名钢琴调音师

假设有如下数据

- 芝加哥的人口为300万人
- 在芝加哥平均1户家庭约有3名成员
- 10户家庭中的1户有钢琴
- 钢琴的调音频率平均1年1次
- 一名调音师一天能调3台钢琴
- 假定调音师周休两日，一年能工作约250天

将假设数据作为估算基础，可以得出如下结论

- 芝加哥的家庭户数为：300万人 ÷3人 = 约100万户
- 芝加哥的家庭拥有的钢琴总数为：100万户 ÷10户 = 约10万台。一年需要调音次数总和为10万次
- 一名调音师一年要调音的钢琴台数为：250天 ×3台 = 约750台
- 因此，调音师的人数为：10万台 ÷750台 = 约130名

图表 1-15 调查分类

	优点	缺点
书籍、报纸、杂志等	• 比较容易收集材料 • 从概略到详细介绍,有各种级别的内容	• 符合要求的材料较多,需要加以判断
数据库	• 具有较广的网罗范围 • 存储了以往的历史信息	• 不同的数据库在调查内容上有偏差 • 价格较贵
网络检索	• 查询方便	• 信息的可信程度较低
采访调查(口头问答式)	• 对信息的深度挖掘	• 采访者和被采访者的主观想法会影响调查结果 • 不易实施
问卷调查	• 获得的信息量较多 • 对想获取的信息精准定位,达到快速调查的目的	• 不同的参数和分析方法得出的数据信息缺乏精确性 • 收集数据结果耗时较长,因此不易实施
观察	• 能获取现场信息	• 由于观察者的能力各有不同,因此得到的信息在质和量上均存在差异

那么,究竟采取什么方法才能够大致估算市场情况呢?

方法之一是在多个研究对象上采用费米估算的方法,从而把握市场的大致规模,并且估算多个研究对象也可以提高数据的可信程度。

只是,即使是在认可度较高的某个框架下实行费米估算的话,如果其中使用的数据认可度较低,那也只能得到"假设"的数据。因此,应该进行必要的简单调查。如图表1-15所示,其实有各种各样的调查方法,并且各有优缺点。因为所有的方法都不可能是完美无缺的，所以要在考虑目的、时间、费用等因素产生的相对效果基础上，使用多种方法来互相弥补不足。在筛选的初期阶段，可以进行粗略地调查，随着之后范围的逐步界定，便可以逐渐提高调查的精度了。

通过调查不仅可以准确判断产品或者服务是否具有市场潜力，也可以将调查数据运用在探讨如何构建优势竞争力这个方面，然而最理想的还是将这两方面结合起来使用。

三、筛选时需要注意的地方

在筛选过程中必须要注意的是：越是新颖的具有创新性的事业创意，就越是难于对它进行评价，在这点上我们应做好充分的思想准备。

被筛选网筛选出去的往往是一些既有观念形成的普遍认知。尽管如此，过于模糊筛选网的筛选范围，会导致无法进行准确的范围限定，从而无法做出任何决策。那该如何选择"筛选网孔的大小"呢？又该如何充分发挥自己的直觉呢？我们应该在以往经验积累的基础上，充分运用对未来市场潜力的感性认识，进而在这个过程中不断地调整"网孔的大小"。

近年，特别是网页制作方面的新事业由于设立时所投入的成本较少，所以人们经常使用"先设立起来，再验证假设"这样的研究方法研究它。宾夕法尼亚大学沃顿学院的伊恩·麦克米伦教授提倡"假设指向计划法"，他主张在实践中获得真知，在向目标靠近的过程中适当地修改假设和计划，这同样适用于不确定因素较多的事业。

事业模式的构筑

一、将事业构思转变为事业模式：建立框架组织

有一个好的构思，然后接下来要做的是如何将它加工成为一个模式。如图表1-16列举的那样，虽然对事业模式的定义多种多样，但最简洁的定义就是"为谁、提供什么、如何提供、如何创造利益价值"，也可以说要用经营和经济知识储备将事业构思系统化，本书中运用的就是这个定义。

为谁、提供什么、如何提供

比如，假设在网络普及的初创期我们有了如下的创意："如果日记不是写在纸上，而是能将它写在网络上，那将是一件很有趣的事情吧。"

在网络上写日记必须要使用特殊的程序语言开设一个网页，因此面向写日记的普通人，需要给他们提供即使不用学习特殊的知识技能，也能够自由地使用程序写日记的平台。那么，该如何实现呢？虽然可以

制作面向非特定的人群公开的程序，但是有人会想将自己私人写的日记向其他人公开吗？或许有不想让别人看自己日记的人，也有只想让朋友看自己日记的人。从另一方面说，会有人想看别人的日记吗？如果想看别人日记的人比较多，那就需要一个适合读者的阅览形式。另外，如果想增加用户，那提供免费或者接近免费的较低价格的服务不失为一种好办法。

图表 1-16 事业模式的定义

- 向谁、提供什么样的商品和服务、用什么样的方式提供、如何获得收益、如何将构造和方式转变为容易理解的模式（可以用语言表达或者可视化）
- 将事业构思转化成为事业模式。方法为灵活运用互联网技术、建立战略联盟和友好合作关系
- 在事业理念（为谁、提供什么、如何提供）中加入计费模式的要素"赚钱的运营体系如何进行"

如上所述，从最初的事业构思可以逐渐看到事业的整体形式。

- 向谁：日常会写日记的人、阅览者。
- 提供什么：任何人都可以使用的博客。
- 如何提供：可以面向大众公开的功能、接近免费的服务价格。

在这之后就是分别充实以上几点的内容，进而提高事业构思的完整度。

如果将构思比作"基本构想"的话，那事业模式就是永远经得起推敲的"网络小说"。在基本构想的基础上创作小说不仅需要有写作的能力，也要有将构思升华成事业模式的在经营方面的专业知识储备。

如果只是单纯地想"创作出一个好东西，然后卖掉赚钱"，那小说中就几乎看不到由登场人物所构成的关键故事情节，当然这也就不能被称之为小说。因此，提炼推敲新颖（其他人都想不到的结构形式）和出彩的故事情节（虽然大家可能都想得到，但是你的结构形式更有优势）是很有必要的。

二、如何使它具有收益性

如果一个事业不具有收益性，那在商业的世界里是无法获得胜利的。以网络事业为例，是直接向用户收费，或者向用户提供免费服务，但从广告中获得收益？或者还有没有其他的获利方法？必须从一开始针对这些问题制定具体的解决方案。

不论是何种形式种类的事业其实最终还是要考虑收费的模式，因此考察已有的各种事业模式非常重要。比如手机零售、网页检索、网上拍卖等，周围其实有很多能够带给我们启发的实例。

当我们严格地分解收费模式时，有必要明确：从谁那里获利；以什么作为回报；回报金额是多少；何时能获得收益。

以人才介绍为例。"从谁那里获利"可能出现2种模式：向介绍方的企业收费和向被介绍的人才收费。"以什么作为回报"可以分为2大类：介绍成功的案例（成功报酬型）和无论介绍成功失败，只要努力就可以的类型（预收费型）。剩下2点是看企业而定的，内容千差万别。

高明的收费模式能够左右事业的收益性。我们经常会产生的一种错觉就是：必须要提供与收取费用相符的服务。比如，大多数的寿司店并不是从所有的商品都能均等地获取利润，能赚取利润的是啤酒和成本较低的食材。像KTV也属于同样的情况，他们并不是赚客人的包厢使用费，而是在酒水和食品上有一套赚钱的方法。软件设计则是向大多数人提供免费服务，从个别的高端客户那里获得收益。

需要引起注意的一点是：我们只有从其他角度探讨价值的创造和回收，才能构筑有效的收费模式（现金回收）。

三、优质事业模式的必备条件

优质的事业模式所具备的条件有很多，以下我们来简单地概述一下。

（一）要明确客户为什么要使用这个商品和服务

如前所述，一个优质新颖的构思如果不伴随着利润的产生，就会变得毫无意义。我们首先要在脑海中勾勒出一个能够产生利润的事业结构模式，也就是说"弄清楚客户购买商品和服务的原因所在，同时要想象客户购买商品和服务的场面"很重要。如何吸引客户是一个值得我们深入讨论的问题，一个优质的事业模式也包含了这一点。一个让人想象不出具体形象的创意是不能作为事业模式的。

（二）是否具有市场魅力、是否能取得持续性的胜利

前文中我们将事业模式比喻成"一部永远都能经得起推敲的网络小说"，那么下面探讨的就是如何让这部小说问世这个话题。

要是以成为畅销小说为目的的话，那么就有必要思考读者们会存在于什么样的市场中。英雄叱咤风云的科幻小说拥有一定的读者群，可以说是一个充满魅力的市场。如果把故事的舞台放在地球那就太普通了，所以要将舞台设定在火星，这样的故事情节才能提起读者的兴趣。然而，如果一个不为人知的行星是故事发生的舞台呢？如果主人公是一个不知为何物的神秘物种呢？如果是跨越48亿年波澜壮阔的历史科幻小说呢？那可能会被评价为一部独具特色的作品，但另一方面，可以说这样的设定也会限制读者的类型和数量。

另外，是否是自己擅长的写作领域也很重要，有人非常善于叙述科

学技术，但不善于描写恋爱心理，虽然不能说他就写不出划时代的纯爱小说，但朋友们还是会劝他写科幻小说吧。

这样想的话，是否继续执行事业模式可以通过"在市场上的魅力"和"（发挥自己的优势）是否能构筑具有持续性的竞争优势"这2点来评估。

当然如果一项事业的市场规模很大并且前景可观，同时又是能发挥自己最强优势的领域，那就可以让它进入执行阶段。与此相反，如果市场规模小也没有发展前景，又不是自己擅长的领域，那将它作为一个事业发展的话就太危险了。

像这样有2个轴线的矩阵非常方便，能将它广泛地应用于构思的阶段和被充填内容后的事业模式阶段，还有事业规划阶段和实际执行阶段。

（三）具有不会被轻易模仿的独特性

具有持续性的优势方面，有个观点很重要，那就是"是否会轻易被竞争对手模仿"。在这个世界，并不是只有一个小说家。作品构思也很有可能被模仿。有可能出现模仿后的作品反而比原本的作品更好这种情况，这对事业的创造来说是惨痛的教训。因此，只有具有不易被模仿的独特性才是一项事业模式最强有力的优势。

以可口可乐公司为例，它在自动贩卖机上的商品售卖正是因为占据了不易被模仿的优势，所以即便是后面出现同一类别的商品，它也马上能迎头赶上或者超过其他公司的同类商品。

与之相比，百事可乐公司在被合并到三得利集团之前由于自动贩卖机的贩卖网络链比较薄弱，所以不论举办多么有特色的促销活动都没有取得理想的宣传效果。就连生产日用消耗品的巨头——花王公司，其研制开发的 healthya 绿茶虽然被称为划时代的饮料，但是因为没有自动贩卖机的售卖渠道，所以一度陷入销量受限的困境。

但是如果能够规避模仿，并在表层之下较深的层面上创造出自身的独特性，那这也是一种有效的模式。具体来说就是要将具体的操作和第3章的团队文化、第5章的管理体系巧妙地结合在一起执行。比如日本第一大人力集团 Recruit 的商业模式是以广告宣传为中心编辑杂志内容，该企业将强大的销售能力与独具特色的人事制度、企业文化三者结合，从而形成了难于被模仿的企业特色（参照第3章的案例）。

图表 1-17 商业模式的范例：戴尔

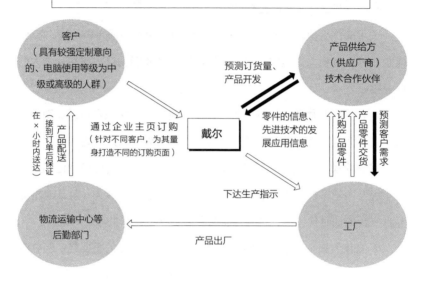

面向定制意向强且电脑使用能力为中级的客户提供更快更廉价更高质的电脑，同时灵活运用对外委托业务向客户提供定制服务

客户
（具有较强定制意向的、电脑使用等级为中级或高级的人群）

产品供给方
（供应厂商）
技术合作伙伴

预测订货量、产品开发

通过企业主页订购
（针对不同客户，为其量身打造不同的订购页面）

戴尔

零件的信息、先进技术的发展应用信息

订购产品零件

产品零件交货

预测客户需求

在 × 小时内送达）（接到订单后保证

产品配送

下达生产指示

物流运输中心等后勤部门

工厂

产品出厂

出自："戴尔在日本的战略"——《经济人》，2002年10月29日。

（四）构筑与利益相关方的良好关系

一个良好的商业模式，不仅要与客户建立良好的关系，也要注意与各个利益相关方建立双赢的良好关系。

如图表1-17所示的戴尔公司，该公司在以客户为中心提供价值的同时，也向其他的相关方提供着各种各样的价值。比如对像英特尔这样的供应商，戴尔提供了为减少风险而压低存货量的"无库存"服务。另外，戴尔将从成熟度较高客户那里得到的灵感用于自身产品的开发，或者提供一些建议和服务来帮助提高合作工厂的生产效率。

关于提供价值的对象不限于客户这一点我会在后面再做阐述。总之，向企业的所有相关方提供价值，构筑双赢关系才能创造出成功且强大的商业模式。

与各个利益相关方、特别是与合作者建立良好关系在构筑长期的竞争优势方面也是很重要的。换句话说，选择谁做自己的利益相关方确实能左右商业模式的成败。"不知道是何种物质的主人公历经48亿年的历史小说"由学术性高的出版社编辑出版后，很有可能成为一篇让全世界耳目一新的划时代论文，也有可能拥有彻底改变人们世界观的力量。

下面我们来举一个很好的例子来说明利益相关方的重要性。经营有机蔬菜线上销售、配送的 Oisix 在刚刚创业时就与综合商社、大型 IT 企业合作，由此快速地扩大了商业部署。该企业在2008年获得波特奖（2001年7月设立的奖项，其目的是为了奖励实行独特且优质的企业战略的日本企业或商业模式，因哈佛大学迈克尔·波特教授而得名）。

利益相关方是甄别一个商业模式是否有可能实现的要素。对缺少资金、技术、人才这类经营资源的投资企业来说，利益相关方有时会成为决定企业命运的关键。

没有本社工厂的 Fabless 计算机企业如何与利益相关方合作其本身

就构成了一种商业模式。

在企业经营形成良性循环的同时注重加强与优质利益相关方的合作，并不断强化自身的优点，我们把这种方法俗称为"稻草富翁模式"，这是非常行之有效的方法。

结成战略性联盟

以建立与利益相关方的合作这种思路来思考商业模式的时候，就必须要有意识地同时思考战略性联盟的意义和效果。如果能够灵活运用利益相关方，那就极有可能实现能够充分发挥杠杆作用的事业。但如果实施方法非常稚嫩，或者中途放慢执行速度，那导致的结果可能就会是"引狼入室"。我将实施此项时的注意点概括在以下图表1-18中。

为了降低以上风险，下面列举几个要点。虽然看起来都是些再自然不过的事情，但是请不要忘记"说起来容易，做起来难"这句老话。

• 构筑双赢关系。

• 对对方的事业理想和经营理念要有所共鸣。

• 做到与对方的交往礼貌有节。

图表 1-18 结成战略性联盟的目的和风险

主要目的	有可能会出现的风险典型
在技术技能、产品方面的互补	被战略束缚，缺少自由度
获得对方的市场信息和资金提供	发言权有可能在对方
扩大规模和加快事业发展	调整上需要花时间
共同开发重要客户和供应商	有可能泄露技术和客户信息，因此会影响和其他公司的关系和自身其他事业的发展
分散风险	契约精神逐渐被忽视，责任方逐渐模糊
确立和明确市场规则、竞争规则（同行业标准等）	按照此规则取得成功还好，如果选择了错误的合作方，后果不堪设想
通过招揽竞争伙伴和能够互补的搭档，从而控制竞争	如果对方无法提供可控的利益，有可能会"引狼入室"

专栏：通过线上和线下的结合创造自身的独特性

将网络灵活运用于商业的企业在不断增加，可是如果只是通过网络来和其他企业一决高低的话，估计胜出的可能性不大，激烈的竞争会导致只有一个胜利者的结果。

前面提到的 Oisix 将现实的加工操作和线上销售结合起来，构筑了自身的独特性，这一点是其他企业难于模仿的最好范例。Oisix 用人工对蔬菜进行分拣，这不仅提高了顾客的满意度，技能方面也得到了不断的进步，因此降低了被模仿的可能性。

近年来像这样将现实的加工操作和线上销售结合起来追求独特性的企业也在逐年增长，卷末介绍的商业计划中人寿保险公司 LIFENET 也是范例之一。

（五）提供有偿服务的技巧

如前所述，商业运作的最终目的就是要有收益。其中最重要的一点是：要适时地从能感受得到商品价值，并且有支付意愿和能力的顾客那里获得收益。

如何适时地收取费用呢？我们来举一些例子：已经体验到商品价值（如人才介绍行业获得了成功介绍的报酬）；已经无法停止使用某商品了（如打印机的消耗品）；与商品的其他服务是捆绑收费的，因此没有反抗情绪（i-Mode 的某些服务内容）；对于企业来说能获得稳定的收益（如定额收费）；减轻企业的资金运转压力（如提前购买支付券制度）等。以上内容的同时实现对有偿服务的开展是行之有效的。

（六）其他条件

除了前述内容中的评估轴外，在判断商业模式的时候还可以用"这种模式是否具有灵活度？"和"承担风险的程度如何？"这2点来评估。

因为经营环境的变化莫测，所以根本无法准确地预测未来会是什么样。我们必须要做的是会灵活变通，慢慢地适当降低商业风险。

专栏：无法制定"赚钱的计划"

如前所述，商业运作的最终目的是要赚钱，这一点很重要。在构筑商业模式的过程中会有无法明确如何创造利益计划的情况出现。然而，无论未来如何改变，我们都要时刻思考增加收益的路径。

提供网络视频的网站 YouTube 和提供社交网络服务的 Facebook 不是通过收费来运作的，他们凭借大企业的收购获取了巨大财富。尽管如此，我们在构筑商业模式时还是要将如何获取收益放在重要位置来考虑。

四、实地测试和反馈

在第2章中已经提到，商业模式和商业战略一样都是一种假设。在运行的过程中需要不断地验证和修改。

从 CCC 集团的成功来看，它的服务内容不仅有影音制品的租赁，也包括了录像带和书籍等商品，因此我们称它为创造文化基础、提供综合性服务的企业。由于电子游戏和网络的出现，这种模式在运行中经历了反复测试并不断反馈不足的过程，最终形成了我们看到的这种形式和规模。另外，举一个负面的例子，那就是"电信诈骗"，这种诈骗实际上也层出不穷，不停地变化着。

所谓商业模式就是在实践和不断验证中逐渐强化下去的。

新事业的理想愿景

一、事业愿景是什么

事业愿景是"创业者和经营者对企业未来情景的意象描绘",换句话说是"对心目中理想企业形象的语言描述"。

如果商业模式表达了一种"较短期的赚钱计划",那企业愿景就是展现了企业想要到达的目标终点。比如,"××年,成为亚洲第一的××企业""××年以后,销售额实现××日元,顾客满意度在同行业中名列前茅"之类的目标。

从这里我们可以得知企业愿景其实与经营理念是不同的。经营理念是企业创业开始贯穿始终的企业哲学和企业价值观,而愿景则是随着时代的变化而变化,是一个更加具象的目标,第2章中出现的战略与其有密不可分的关系。

比如小田急集团的经营理念是:向每个人的无可替代的时刻和实现富裕生活贡献自己的力量。在这种经营理念下,集团筹划制定了"Value Up 小田急"未来蓝图,并明确了企业所要肩负的社会使命和要发挥的社会作用。

在此我们首先将企业(事业)愿景作为重点去思考其他的问题。"战略高度"这个概念对于企业来说是很重要的(参照第5章),然而企业愿景会对事业开发产生更为重大且直接的影响。

先前已经介绍了几个典型的愿景范例，不同企业所包含的内容也有所不同。例如 Google 的企业愿景是"收集整理全世界的信息，让全世界的人们都能检索使用"，Amazon 的企业愿景是"成为地球上最丰富的收藏地和地球上最重视客户的企业"。一般来说，多数企业的未来愿景中包含中长期的事业目标和发展方向。

二、为什么企业需要愿景

正如大家所知，企业家和投资创业者基本上将很多时间投入到构筑愿景方面。他们这么做的目的是什么呢？在此我们有必要再重新审视一下企业愿景的重要性。

（一）吸引并鼓舞企业的利益相关方

首要原因是，通过展现有魅力的企业愿景吸引各利益相关方，特别是员工和合作企业、客户。

只有集结了优秀的员工、开展良好的事业、招揽更多的客户才能大幅度地增加销售额。例如，近年人们对环境的保护意识不断提高，如果在企业愿景中加入"环境"这个关键词，那就很有可能吸引更多更优质的利益相关方来参与开展事业，自然也能增长商品销售额。其中即便有或多或少的牺牲（由于处于初期阶段，因此商品和服务还有不健全之处），也依然会有购买商品和服务的客户。

总而言之，制定一个良好的企业愿景，集结优秀并乐于合作的利益相关方，才会提高事业的成功率，而其中最强大的武器就是愿景的构建。下面我将解释各个利益相关方产生的影响，并说明该如何逐步分解其影响。

1. 对员工的影响

企业愿景首先在录用员工方面发挥作用。这不仅限于投资企业，在同一企业的新员工录用上也是一样的。

作为个人来说不仅仅是为了获得报酬而付出自己的劳动，更多的时候，员工通过在企业或者事业上能否发挥自身能力、能否精力十足地投身于此来判断自我价值的实现。员工在付出劳动时，自我价值的实现与否是重要判断标准之一。

因此如果企业的愿景非常清晰明了，同时企业是向着这个方向不断发展的，那对于员工来说，就易于判断企业的发展方向和自身的想法是否一致。这就是很多企业在招募公告指南上会刊载企业愿景内容的原因。

集结每个员工的力量并在同一个方向施力，像这样促进愿景实现的做法很重要。团队中的每个成员就像一台独立式计算机那样，各自有着不同的价值感、信念、喜怒哀乐、逻辑思维方式、判断能力，而愿景就是将这些具有差异性的元素整合为一体，从而提高团队的竞争力，因此愿景发挥着最重要的作用。

那么，为什么说在统合成员意识时，愿景是最重要的信息呢？因为在团队执行行动时，有着各种各样团队内部的行动规则、与其他团队的竞争战略、每个成员的个性和特点等方面，而规则和战略、成员相关信息的讨论在明确了团队任务（愿景）时才能够更有效地开展。

愿景有促进员工加强自律的效果。员工正是因为有了共同的企业愿景，所以企业在管理员工的时候才能避免过度控制过程、程序、规约、规程、规则等这类细节（这个效果将在第3章中详细说明）。所以要先有愿景实现这个大的框架，然后再给予团队成员在个人创造力和自主性上的最大自由。

2.对客户的影响

在贯彻始终的愿景支撑下，产品的开发和销售也会具有一贯性。如果能长期销售具有一贯性的产品，那产品形象和企业形象是契合在一起的。正如前文所述，有魅力的愿景甚至可以激发客户与企业共同合作发展的想法，并且对方也会宽容地看待企业偶尔的失败，即便产品价格略高，他们也不会有怨言，反而会一如既往地支持企业的发展。所以我们说，能带来收益的客户就是企业强有力的"后援团"，拥有这样的后援团是对企业最好的鼓舞。

3.对交易方的影响

在描绘一个充满魅力的企业愿景时，也会吸引优秀的合作伙伴前来参与。在企业运营事业的时候可能会向交易方提出一些无理的要求，比如希望对方提前交货或者要求对方降低销售价格等等。在这种时候如果事先向对方展示说明了独具魅力的企业愿景，然后说服对方要对未来的合作、扩大交易范围有所期待，或者让对方相信双方的长期合作能够带来更多的收益，那对方就会认为现在的投资是某种"非常便宜划算的提前投资"，然后做出让步。

4. 对投资家和赞助方的影响

企业的愿景也是投资家和银行、同一企业内新开发事业的负责经营方在资金调配方面的判断标准。对于他们来说，最重要的判断标准虽然的确是这项事业成功的可能性，但是优秀的愿景则是左右企业未来的要素。因为愿景的优劣直接影响到事业的成功，每个投资家都很清楚这一点。

特别是个人出资协助具有专门技术或独特概念而缺少自有资金的创业家进行创业，并承担创业中的高风险和享受创业成功后的高收益的天使投资（在日本还比较少），除了金钱方面的收益外，天使投资的个人投资者也将其他的收益作为判断能否投资的标准。也就是对他们来说，投资一项事业能否对社会做出贡献、能否获得一种心理上的满足都是标准之一。

天使投资关心如何让人们摆脱贫困，也关心并支持执行公正贸易的发展中国家，天使投资人会提供资金援助。如果某个投资人对日本的教育怀有深切的危机感，那他一定会对提高教育水平和培育人才方面的企业或者事业进行投资。

（二）领导者的精神支柱

原因之二，愿景也是领导者的精神支柱。对于企业来说成立了某个新的事业项目或者创立了一家新的企业，那对于创业者、领导者来说更是如此。

创造事业的过程是充满艰辛的：销售额同预想的差距、意想不到的客户投诉、出现了次品等等，风险投资的创业者或许为了资金的运转而大伤脑筋。

越是这种时候越是要坚持"我是在一个相当优质的愿景下运作事业的，所以一定要努力实现最终目标"这个信念。因此，从某种意义上说，愿景鼓舞着领导者们的士气和干劲，表达了他们坚定的内心力量。

（三）战略的指针

原因之三，企业愿景的确立能够明确企业今后的发展方向。

所谓愿景就是"经营者心中所描绘的理想企业的形象"，也可以说是一项事业的最终目的地。只要明确了目的地在哪里，就可以找到通向目的地的路径，在此基础上制定战略也就不再是一件难事了。

美国通用电气公司经营管理研修中的愿景设计课程首先要求学员将自己想达成的某种目的用构想图表示出来。比如，如果是"增加10亿美金的销售额"这样的内容，那是在什么样的依据下如何推演出来的都必须用构想图具体地表现出来。

随着这些问题答案的逐渐清晰，学员们就会清楚地知道什么是实现增加10亿销售额的事业重点，比如团队成员的人脉、执行能力、经营资源和途径工具、市场预测以及生产线上的优先顺序、产品开发的过程、广告宣传的内容等。最后学员们关于以上这些问题制定解决方案，或者可以检验其解决方法是否合适。

（四）事业前进过程中的路标

创业或者企业开展某项新事业时按照初期构想顺利执行这种情况其实比较少见。当外部环境和内部环境发生了变化，事先的预想也会随着前提条件的变化而发生改变。最终的结果就是迫不得已改变经营战略。

面对这种情况就要重新制定经营战略，这时最需要的就是企业（事业）愿景这个路标。通过对比现状和愿景的差距，我们就能清楚地知道差距在哪里，该如何缩小两者之间的差距。只要明确，就算战略发生了变化，目的地是不会改变的这点就可以了。

当然，愿景并非就是永恒不变的。当企业（事业）环境发生改变的时候，愿景需要顺应变化不断进步，不论何时，我们必须要将愿景作为我们事业的目的地而不断前行。

三、如何制定高质量的愿景

每个企业一定都想在一个美好的愿景下实现企业的发展，也一定在思考着该如何去制定一个高质量的企业愿景。

首先，我们要牢记以下几点：哪些是我们想做的事情；哪些是别人需要我们做的事情；尽可能将能做到的事情升华到高水平，在此基础上制定优质的企业（事业）愿景。

只是将自己想做的事情作为企业（事业）愿景，但如果这并不符合社会需求或者完全不可能实现，那就不能称之为愿景了。但如果是为了迎合社会需要，并不是自己想做的事情，那也必定做不长久，而且在遭遇困难时也会知难而退吧。再者，如果将自己能做到的事情作为愿景，那这个愿景最后很有可能变得平庸无奇，毫无吸引力。

只要意识到这几点，那我们在制定愿景时就有2种方法可循。其一是以领导者的梦想为依据基础，然后听取周围的评价建议，不断地探讨如何完善梦想。其二是踏踏实实地收集尽可能多的信息，分析比较后制定愿景。

当然这2种方法并不是各自独立存在的，结合起来实行才会更有效。

（一）以领导者的想法为出发点

虽然大多数企业采取的就是这种手法，但有其不足之处。作为领导者往往对自身事业考虑得很全面，但有时会出现与现实脱离的过激的想法，因为他所思考的事业方向与时代现状格格不入。因此我们说，虽然领导者必须怀有某种梦想，但是同时要具备能冷静评价自身梦想的"检查装置"。

若是风险投资企业，"检查装置"可以是共同开创事业的伙伴，也可以是来自企业外部的支持者。如果是同一企业中的新事业开发，那可以让企业内部的人才和团队来担任。

其实说到底，最终成为事业基础的还是领导者自身的决策思路。如果领导者的决策非常合理有效，那最终制定的企业（事业）愿景也必定是非常优质的。因此领导者需要不断地磨炼自己，这个过程中重要的就是各种体验和与各种各样的人交往交流。另外，还要记住千万不能为眼前的个人利益所动，而是要磨炼自己，以获得更高的世界观和良好的内在动机。

（二）以客观信息为出发点

这是通过收集分析信息制定愿景的方法途径之一。只是可能会发生满足了"客户需求"和"能做的事情"2个条件，但"自己想做"这个动机会渐渐变弱的情况。

完美地结合第1个和第2个办法，有必要探讨如何高度实现：想做的事情、客户需求、能做的事情。

我们需要用一种肯定的态度来看待收集到的信息，并分析信息中出现的对立。越是表面的、个人间的对立，我们越不能否定，如果不从否定的角度看待对立、不回避对立，那其他的不同意见和不同解释会使我们产生一种创造新事物的欲望，这种态度既可以明确团队的行进方向，也能促进成员实现对企业愿景的共有。

那么该如何收集基本的信息呢？首先，要对宏观大环境（政治、经济、社会、技术等）和市场动向、可预测的竞争趋势等进行敏锐的分析和细致的观察。然后要充分发挥我们的想象力，尝试扩散思考这些元素对事业会产生什么样的影响。因为时间关系，所以不可能收集到所有的信息，因此要发挥自身观察力，尽早地从本质上判别哪个才是重点。为了磨炼这种敏锐的感觉，捷径之一是不断地积累高密度的经验，并且寻找优秀的顾问来帮助自己。

还有一点很容易被我们忘却，那就是同一企业内的新事业创造很关键的一点是：要准确地掌握企业实力、优点、缺点、员工的想法。近年在组建团队或者创造某项事业时，软要素的比重逐渐增多，也就是经营资源和经营技巧比较容易掌握，但是最理想的状态是充分了解员工的工作动机和具有的技能、价值观、使命感这些内容。另外还有一个很重要的信息就是企业自己和总部的经营理念、愿景。如果新的事业和老本行要到达的终点不同，那竞争力和前进动机从何产生？如果愿景与总部的经营理念完全相反，那这项事业在计划的初期阶段就会被撤销。

因此不论愿景是怎样的，只有成员们积极行动了才有可能实现它。这个时代所需要的正是能够构筑这种愿景的领导才能。

四、愿景的意象化

用图示将愿景表达为可视化状态，这是最理想的方式。实际上很多企业不仅通过文字，还运用图像化的信息来表达自身的事业愿景。

在这里我们稍微思考一下如果将愿景的意象用"应当实现的未来"这句话来诠释，那它代表了何种意义？

意象的最大特点在于包含的信息量相当丰富。将意象包含的信息转换成文字的时候，一定要付出超过常人的心血和努力。比如有一幅画，你试图用语言向一个从来没有见过这幅画的人描述并试图再现，那这几乎是不可能的事情。

从这点我们也应该能注意到，用意象创造出的信息量和用语言这种媒介向对方表达的信息量之间是有差距的。反过来说，在理解愿景和与合作者的沟通方面，这个差距也是让理解和沟通变得困难的原因之一。

作为领导者，当用语言将事业愿景表达出来的时候需要一定的战略时，才能充分理解这个差距的存在。如果你觉得表达愿景时，不能用突然浮现出来的语言表达，那就说明你和合作者离共同实现愿景这个目标更近了。

企业的愿景和电影、建筑设计是不一样的。将企业愿景意象化，这种做法受个人品位高低的影响。令人遗憾的是目前还没有一个能适用于所有的、具有普遍性的办法。提升个人品位的途径之一就是借鉴大多数企业现成的愿景蓝图。

专栏：渗透、深化愿景的诀窍

本章主要叙述了绘制企业（事业）愿景的重要性，因为它的确具有能够让利益相关方熟悉理解企业（事业）的作用。反之，如果无法集结利益相关方的力量，那就谈不上实现愿景这个目标了。

因此在制定一个完美愿景的同时，也需要事先部署策略，建立与利益相关方的密切关系，让对方逐步渗透进来。

一、认真周到地与对方积极沟通

最行之有效并且容易实施的方法，就是领导者或者创造团队的核心成员有主动性，要反复向利益相关方说明自己的企业愿景，以求得对方的理解和支持。

这个过程中需要领导者花相当长的时间和工夫去展示事业创造的热情。哈佛商学院的约翰·科特教授在"企业变革中的陷阱——领导变革八步法"一文中调查了悲叹愿景渗透失败的200家企业经营者，他们的共同点是缺乏有效的沟通，在沟通方面只用了不到1%的时间。

二、在表达愿景方面下功夫

让北欧航空起死回生、因一句"真理的瞬间"而闻名于世的SAS集团总裁洋·卡尔森专门用漫画插图方式制作了一份详尽的资料，向外界展示集团的现状和集团愿景。

如果把制定好的愿景做成类似于规则手册那样厚重的资料，或者满页都是字的、让人读起来很枯燥的说明书，那就说明企业在启动沟通机制时，采取的是一种消极怠慢的态度。

向对方简洁明了地表达愿景是表达方重要的责任，也是让愿景得以实现的重要因素。如果陷入了"对方无法理解我的愿景，渗透速度太慢了"这种困境，首先要重新评估自己在向对方表达的时候是否使用了易懂的语言和方式。

三、率先示范

在用语言表达的同时，自己的亲身实践也很重要。若是想充实向社会做贡献的内容，那一定是领导者率先实践，积极贡献自己的力量，并站在客户的角度思考愿景的内容。这虽然看起来是理所当然的事情，但是在日常业务中也是最容易被忽略的。

如果这件事情是让领导者自身也心存疑虑或者对此毫无热情的，那让别人对此怀有热情和信心就是天方夜谭。

员工是利益相关方之一，他们会非常细致地观察领导者的行为，这种细致入微的观察其实超越了领导者想象。别忘了规定职场各种行为规范的是领导者自身。

四、灵活运用广告宣传

面向更多的利益相关方介绍愿景和其背景时，比较有效的方法是灵活运用广告宣传。比如在报纸和杂志上刊载广告，或者让出版社刊登在报道中。

如果时间充裕的话，可以委托职业撰稿人撰稿并出版成书籍。这样就可以在潜在的客户和投资家或者企业员工及其家人、朋友中间达到广泛宣传的目的了，也可以有效地扩大未来企业（商业）和激发创业动机。

落实事业（商业）计划：用自己和别人易理解的方式

事业（企业）计划是浓缩成事业精华的"事业缩小图"，以下是风险投资企业的事业计划项目（既有在本章中已说明的项目，也有在后章进行说明的项目）。

定型的事业计划构成：

- 要约。
- 事业模式、事业目标、事业愿景。
- 市场、商品、事业战略、市场战略、竞争优势。
- 管理团队。
- 出资的重要条件。
- 财务状况及其预测。
- 补充资料。

所谓事业计划是制定者对事业的思考成果。有时它也是投资经纪人和创业者判断事业是否顺利进展的标准，有时也会成为修正错误的标尺，同时是企业高层和投资家调动经营资源的工具。

一、制定事业计划的必要性

事业计划是开创所有事业的起点，是指为一个事业发展计划而做的书面文件。换句话说，它是事业的规划蓝图。制定目的多种多样，但可以归纳为以下4点。

• 为了向投资家和银行、企业高层提出开展新事业时的必需经营资源。特别是调动资金方面。

• 在正式开展事业前，重新评估事业可行性，在必要的时候也是修改审议的原案。

• 在事业创立后，可作为评价进展是否顺利的标尺。

• 可以成为与交易方做交易时的销售工具。

创业者和负责企业内部新事业创造的领导者不是制定并记录文书的人，而是奔波在现场的实际操作者，因此他们很难体会到在制作文书材料时的困扰和困难。制定事业计划本身都能得到很多宝贵的经验。为什么这么说呢？以下我列举几点理由。

- 制定计划的过程中，领导者要考虑将事业理念体系化。

- 将计划写出来的时候，可以先将能预想到的失败（不是基于现实事业上的失败）写在纸上，并用于重新提炼计划，也就是通过零风险获得有利于事业创造的智慧。

- 写在纸上才能更详细地向第三方说明事业的概况。

- 制定事业计划的过程中需要不断地讨论商议，才可以使核心成员持有相同的问题意识和价值观，然后迅速做出决策以确保共同目标早日实现。

二、事业计划的构成：完整性和简洁性

一份过长的事业计划是不受欢迎的，要想让读者迅速理解计划内容，必须准确且简洁地说明每个项目。

关于事业计划的固定结构，如前所述，细节、整体基调、风格多是随着目的的变化而变化的。所以如果要把事业计划作为销售活动的工具来使用，就会缺少批判性的分析，也会导致向对方介绍的只是积极的一面，因此缺乏全面性。

在书写事业计划时注意要将与目的相符的、具有最大公约数意义的要素放在首位考虑，且正确地把握谁才是主要的读者。也就是说要站在主要读者的角度，抓住对方最关心的问题来制定计划才是至关重要的。

如果是同一企业内的新事业开发，就需要面向企业高层要求获得经

营资源了，这种情况下，在以上的各项基础上有必要讨论"是否可以与公司的中期计划达到整合""与公司内其他事业的相乘作用如何""失败的定义、撤退的条件"等事项。

在风险投资企业向创业投资者要求资金援助的情况下，创业投资者重视的肯定是回报，所以事先有必要充满热情地向对方合理说明事业的发展性、收益性和自身具备的能力、经验等。

三、以什么立场应对

如前所述，需要将主要读者放在首位考虑。除此之外，还需要考虑立场问题。

首先事业计划像事业模式和战略等组成要素那样，是需要时刻调整的，特别是在面对一项新事业时，市场、产品、经营状况瞬息万变，每每这时，投资者会要求企业提交新的信息，同时改变内容使之与新信息相符。事业计划的制定过程经常处于"正在进行时"，因此最好不要界定项目内容和页数，要采取一种可以随时改变的灵活方式。

另外，事业计划是在现实中开展事业之际使用的基本企划，这一点要铭记在心。不仅仅限于事业计划，制定企划书时的操作也需要合理的样式，注意企划书不能过于抽象或者根本不适用于实际。我们要经常问自己"这个计划书是否能有效地推动事业的前进？"

无疑，事业企划和与其相关的所有人会相互影响。在制定时考虑到全体关键成员是否都参与其中这一点很重要。

最后，制定计划时需要留意的一点是"把热情传达给对方"。但是如果表达情感时过于强烈，会让对方认为你的计划是夸张的妄想。虽然是在商业世界中，但对方也是人，他们也会被充满热情而且有趣的事业计划深深吸引的。

四、反映第三方的视点

事业计划会对事业的未来产生重大的影响。像前面所叙述的那样，在制定计划时需要所有的关键成员参与其中，常见的方法是高层成员首先制定各自负责的部分，之后其他的成员阅读制定好的部分，并且相互核查修改。

对于我们来说，有用的方法之一是了解成功的创业家是如何细查事业计划，并且如何提前准备的。如果是在企业内部，比较有效的方法是和上司或者前辈商量（参照卷末的"LIFENET 人寿保险公司的事业计划"）。

还有一步不能缺少，就是在快要制定完成的时候，或是在制定过程中，把还没完成的计划请第三方（会计师和顾问之类的专业人士）阅读，询问他们的意见。第三方会指出制定者在事业运营问题上没有注意到的内容点，也会就外部环境的动向提出建议。事业计划书是否易于理解、是否直观、读完后是否会让人印象深刻，第三方也会为我们做出判断。

制定者认为这个事业计划易于理解，也能够引起别人的兴趣，其实可能只不过是一种自以为是。制定者往往错误地认为自己写的计划是为大家所知的实际情况，也容易忘记读者其实是毫无相关行业背景而且毫无相关知识的人。让第三方阅读事业计划的目的，就是为了避开这些误区。

另外，如果涉及法律法规的问题，那很有必要让法律顾问（律师）事先阅读自己的事业计划书。对于一个法律外行来说，法律问题错综复杂，因此避免触碰法律红线的最好做法就是听取专业人士的意见。

专栏：仅仅凭借事业模式和战略无法获得成功

具备卓越的创意、优秀的事业模式、精致的事业计划这3点是成功开发新事业的关键，但是其实仅仅具备这3点是不够的。

创业之初常会伴随着诸多困难。意外频发，这是最普通不过的事情了，有时会让人觉得事业再也不会有任何进展了。克服这种困难需要我们有破釜沉舟的决心，也就是要充分发挥"领导才能"。领导才能包含各种要素，在事业开发方面的领导才能是指"热情、主体性、使命感、达成目标的积极性、有能保持现状但并不受任何束缚的精神"等。

不仅需要领导者具备领导才能，也需要共创事业的成员具备这个能力，因此在开发新事业时要注意所选的成员是否具备领导才能。只有具备了一定的领导才能才可以做到用高视角看待问题，并且会去积极地解决问题。

另一方面如果积累了一定的领导才能，就会不满足于"不知为什么，反正就是喜欢这个创意""跟有没有收益性相比，更注重事业模式的独特性""能制定出一份详尽的事业计划很开心"这种程度了，而是养成了一种思考习惯，那就是如何使事业获得成功的思考（从事业整体角度思考）。

领导者如果养成了这种思考习惯（与"先有鸡还是先有蛋"这个议题类似），就可以保持并完善以下健全的心理状态，健康的心理和强大精神是开发新事业时摆脱窘境的原动力。

- 会发散性思维。
- 会有不达目的不罢休的决心。
- 能够认真对待工作。
- 有使命感。
- 热衷于正在做的事情。
- 充满自信，也能带给周围的人自信。
- 充满期待地做事。
- 非常积极向上。
- 即使身处逆境，内心也是平和的并能享受其中。

在企业内和企业外的 MBA 教育现场，对新事业开发时领导能力重要性方面的教育贯彻始终。比如著名的培养企业人才的哈佛商学院，在这所名声赫赫的学校里，被反复强调的是学生一定要有成为领导者的心理准备，要时常提醒自己："你是一个统率整个企业的经营者，是一个领袖，一个领袖该如何思考问题。"

可能有时你会被质问"你身为领袖，可以有这种想法和态度吗？"这时你就会幡然醒悟，原来所谓的应对困境的方法论根本不管用，由此也会深刻感受到，拥有一个有魅力的事业计划是多么重要。怀抱远大的理想可以明确团队要达成的目标，也能驱动团队成员不断向目标前行，可以有效地、大幅度地提高团队整体的执行力。

只有每个人都具备了领导能力，才能全身心地投入事业创意、事业模式、事业计划的制定上，这样，一项新事业才能真正地开花结果。

第

2

章

新事业开展战略的法则

开展新事业的法则虽然也有例外，但是基本目标都是要在缝隙市场占有份额，在同领域成为唯一或者第一品牌，理想的战略是尽可能地打破传统的既定规则。扩大事业规模之后就是要多角度地考虑成长战略的制定了，并且战略只有被执行了才具有实际意义。因此果断迅速的计划和执行力才是最重要的。

案例

一、休闲服饰店铺的源头

优衣库是迅销公司（Fast Retailing）的旗下品牌公司，会长兼社长的柳井正在1980年继承家业做服饰生意的同时，想到主打廉价日常服装的销售方式。为了能让普通老百姓有能力购买流行的服饰用品，他将大量销售作为前提条件。因此，他在离本社宇部市不远的人口聚集的广岛市开了第一家新业态的 Unique Clothing Warehouse，这家店在该地区是最大规模的店铺，也被称为优衣库1号店。价格为1000日币、1900日币的商品，有着吸引人眼球的颜色和设计，广受十几岁男孩子的欢迎。

当时柳井正每周都会去岐阜、名古屋、大阪等地的工厂和批发商那里，用现金大量收购他们的廉价品和或者卖剩的货品，拿回来后摆在自己的店铺销售，卖不掉的商品就立刻降价处理，以这种方式卖光商品会大大降低存货风险，如此一来优衣库就达到了低价格销售的目的。毋庸置疑，要想用少量的资金保证低价格商品的保有率，就必须提高商品的周转率。

二、通过特许经营加盟的方式实现高品质低价格

然而，通过以上方法获得商品存在几个问题，首先货品来源地分散，其次货品品质千差万别，再有就是无法获得销量好的货品。柳井正感到这种销售方式已经进入了瓶颈期，所以他打算在扩大店铺分布的同时有计划地批量订购，从而降低进货价格，并在1986年开始招募加盟店。

同年在山口市加盟1号店开门营业，之后优衣库招募加盟店和直营店的开店投资齐头并进。1990年8月停止加盟店招募之时已在和歌山、爱知、岛根、冈山各县设立了7家加盟店铺。郊区的优衣库店铺客户群范围广、人数多，因此销售额比中心城市的店铺要高出很多。从此，把店铺开在郊区成了优衣库的开店原则之一。其中，在人口密度高的爱知（特许经营加盟店）和福冈（直营店）的店铺业绩保持着稳健增长，于

是优衣库在这两地区实行了特别的开店策略，形成了战略支配（在特定的地区集中开店，占据各城市商业圈的中心地段）的运作方式。只是当时因为知名度不高，所以优衣库采取了廉价推出海外著名品牌的休闲服饰并在广告宣传单上宣传的方式招揽客源。

三、以能平稳供给大量商品为目的的创新产品开发与风险

伴随着门店数量的大规模增加，商品的稳定供给对于优衣库来说成了最大的课题。柳井正意识到要想让企业在城市和各地区持续发展下去，开发设计自有产品非常重要。于是，1987年他与香港厂商合作，开始着手设计开发优衣库的独立品牌，同时整合体制用于自创品牌的开发和制造。然而在1990年8月之前，销售额虽然稳步增长，但除税前纯利率仅停留在1%~2%。

1991年9月，柳井正将社名改为迅销。这个社名包含着要将服饰像快餐一样提供给消费者，用更低廉的价格销售同样的商品之意。当时企业确立的事业计划是："未来3年里，每年都要新开出30家店铺，共计100家，销售额达到300亿日元。"就这样优衣库正式开展连锁店销售模式。

1992年4月，所有的店铺都被统合到优衣库，当时有53家直营店铺，7家加盟店。柳井正在将店铺不断地开设在郊区的过程中发现，与深受年轻人欢迎的款式相比，大多数人对基础款的需求比较高，于是他面向郊区的店铺推广"没有年龄限制、男女皆宜"的商品，并将基础款定位

在主打休闲的风格上。

四、快速成长和上市

因为在日本全国各地积极地开设店铺，所以迅销公司的业绩不断增长。1994年7月迅销在广岛证券交易所顺利上市，公开发行180万股份的股票，从而募集到总额130亿日元的资金。

柳井正在上市时宣布："今后3年里每年都要新开出30家店铺，共计100家，销售额达到300亿日元。"他比先前更加积极地投身于新店铺开设的事业项目中。1994年年末优衣库的总店铺数已达到118家，当时公司的计划是在一年里开50家新店。这个时期每个店铺的规格面积统一为150坪，开店成本规定在6000万日元左右，预计在2~3年内收回初期投资费用。

五、休闲服市场的竞争激化

从1994年开始，在强化原创设计的企业理念基础上，公司开始推进各项事业多元化的发展。

同年12月，为了确保独立的设计来源，公司在美国设立了相当于子公司的设计团队 Impress New York，1995年10月为了创立与知名品牌相匹敌的品牌，公司开始在优衣库店铺独家售卖与丸红时尚企划合作的原创品牌 Elvis Presley。

为了保证稳定的商品供给，1996年2月优衣库在中国山东省设立了由日棉及其余4家中国公司合并而成的山东宏利棉针织有限公司（出资占比28.75%）。来自海外的供应率超过95%，其中80%来自中国，20%来自越南等东南亚国家。

但是1997年12月至1998年1月，优衣库总部的畅销商品相继断货，卖场乱作一团。产品的大卖确实让销售额稳步增长，但经常性净利润率却下跌了，1997年仅为7.3%。

尽管之前都处于稳步增长之中，但当店铺数超过300家之后，公司内部对于扩大店铺的做法也出现了怀疑的声音。于是柳井正开始着手重建优衣库，重新制定公司的人事制度。

他呼吁员工们"要怀着对优衣库的爱意，努力改正不足的地方"，要求他们必须穿本公司品牌的服装，并集中经营资源开始企业重组。1998年2月，由于业绩欠佳，面向家庭的"家庭库"店和运动系列的"运动库"店仅仅持续半年就闭店了。同时，分散在纽约、东京、大阪各地的设计部和企划部与东京事务所合并，Elvis Presley等特许品牌也停止销售，并中止了和颇具人气的知名品牌耐克、锐步的合作。

六、新管理层的新战略

为了制定新的商业模式和战略，柳井接连任用了多名与服装行业毫无关联的30~40岁的青年管理人才，1998年6月开始了全公司改革工作"ABC（All Better Change）活动"。具体有以下3项举措：店铺能够适时适量地准备好顾客所需要的商品，实行销售和生产的联动（供应链管理）；从顾客的立场上重新部署商品、店铺、卖场、宣传、销售等与顾客有所接触的环节（新典型创造）；店铺是销售的主体，本部提供强有力的支持（全公司员工的观念、行动改革）。

优衣库的品牌形象是基础、休闲，为了实现以最低价格进行长期销售的基本战略，就必须完成公司对于企划、生产、物流、销售的高度把控。

优衣库之前有130余家合作工厂，也必须在半年内精简为40家，连过去的半数都不到。在重新选定合作厂家时，要求该厂家必须有一年1000万件以上的生产规模。不仅如此，公司非常重视工厂是否能够认可迅销的经营理念、是否有实现这一理念、是否能够时刻以提高产品和服务品质为目标。迅销的负责人会常驻合作工厂，担任品质管理指导等工作。

从1998年开始，公司开始频繁地在市中心开设店铺。同年3月，优衣库第一家繁华路段的门店在大阪美国村附近开业，卖场的两层楼合计面积与郊外的一般店铺相同，均为500平方米，销售的商品也几乎相同。然而，门店的销售额却并没有达到预期增长。在难以利用传单等方式直接吸引顾客的市中心，更有必要建立人们对优衣库的品牌认知。

最后，优衣库决定重新制定广告战略，拍摄了代表优衣库高品质低价格诉求的广告，以"穿起来令人自豪的牛仔裤"为口号，重点介绍了每个季节的推荐单品，并在门店内着力推销该商品，实行了火爆销售的战略。为了一改之前打折促销的品牌形象，品牌标志也改为了现在我们看到的样子。

七、"羊毛促销活动"的成功

1998年11月原宿店开业时，公司在附近的涩谷站和原宿站大量张贴了开业通知和"羊毛活动"的海报，车厢内也挂满了广告牌，还组织了宣传用的大巴车队，此次宣传活动声势浩大。虽然贩卖的商品相同，但是高达三层的店面以及豪华的装修让原宿店大获成功，一度出现了顾客节假日排队买单的场面，由此大大地提高了人们对优衣库品牌的认知度。

之后，公司的商品被时尚杂志介绍的机会增多，于是公司的商品介绍逐渐面向非特定、更广泛的顾客群了，也不再需要传统的店铺商圈宣传单。优衣库的定位也从原来的"因为近才去买的服装店"变成了"为了买这家的商品才去的服装店"。越来越多的报纸和经济杂志开始介绍推崇优衣库的企业理念和低价销售的模式，公司获得了极高的"优衣库热"的社会认知度。2000年商品销售量高达2600万件，经常性净利润也攀升至1032亿日元。

八、蔬菜事业的失败

用羊毛引起日本社会轰动的优衣库接下来着力推进的就是蔬菜事业了。"农作物的销售作为一门生意来说非常滞后，所以我们有很多机会"，基于这个预测，公司采取了和服装相同的，以一手包办商品企划、生产、流通、贩卖的管理方式开始进军蔬菜产业，试图建立起一个与农业生产者的合作体系，在这个体系中农业生产者生产的蔬菜以低廉的价格卖给大量消费者。

2002年9月，迅销公司设立了主营食品事业的分公司 FR FOODS，并创立了 SKIP 这一品牌。公司每2周给顾客快递1次组合搭配好的蔬菜（价格为2500日元起）到家，顾客需要注册会员并在线上下单，下单后各产地准备蔬菜并保证在1周内送达。随后该公司一共设立了6家。

然而，可能是受价格设定超过超市定价20%的影响，公司的会员数量一直难见增长，到2003年6月公司结算时，已出现3000万日元的经常性赤字，到2004年8月损失总计高达28亿日元。对此，柳井回忆道："和服装不一样，蔬菜不能进行计划生产，如果赤字再继续下去的话有可能会给合作商和股东带来麻烦，所以我们决定退出蔬菜行业。"之后优衣库的蔬菜事业便戛然而止。因此，我们可以看到，如果利用计划生产却无法向客户提供大量的商品，就不能像绒毛那样下调单价，否则很难获利。

九、HITACH 的成功

另一方面，在服装事业上的羊毛促销活动之后，2004年优衣库开发研制的开司米材质的毛衣大受顾客欢迎，它使用了和 TORAY 公司共同研发的材料——HITACH，之后，这个系列持续大卖。这一吸湿发热材料兼具吸收体内蒸发的水分并将其转化成热能的"发热功能"和保持衣内热量的"保温功能"，2007年获得了 2000万件的销售佳绩，2008年冬季，优衣库定位 HITACH 品牌，将它作为国际化的重要战略商品，在进一步丰富此系列的色彩和种类的同时，开始将其面向全世界进行全球化宣传。在纽约和伦敦等世界主要城市，HITACH 成为人们热议的话题，相比前一年增加了 40% 的 2800万件库存全部被售空。

十、国际化后的销售目标——5兆日元

2009年8月迅销公司的销售额接近7000亿日元，为了赶超销售额约为1兆～1.5兆日元的 GAP、ZARA、H&M 等知名品牌，迅销公司以"2020年销售额达到5兆日元"为目标持续推进品牌的全球化，但售价为980日元的牛仔裤仍然难以成为售卖热点。然而即使在发展不被看好的情况下，"持有挑战的态度"很重要。

柳井这样对记者说道："消费不景气不代表着一点都卖不出去，所以需要我们自己创造出新的社会需求，因此要努力开发新产品。一开始

人们也并没有对绒毛服装和开司米毛衣的需求。举个例子，如果有洗完10分钟就干的衣服和水冲一下就能干净的衣服，那旅行的时候就不需要带换洗衣物了。我们要做的就是创造这种'要是有该多好啊'的东西，这才是最重要的。"（《朝日新闻》，2009年1月3日）

理 论

选定事业领域

　　一般企业尤其是风险投资企业普遍都不具备全线进军所有领域的经营资源，因此就有必要选定、选择事业方向或者价值链的功能环节（我把这些叫作事业领域）。用战略用语来说就是采取缝隙战略。

　　"战略就是舍弃和选择"，在新事业中的战略要素占据很重要的地位。我们有必要纵览全局并果断地舍弃那些不重要的东西，只有这样才能获得真正的成功。

一、缝隙战略的意义

　　那么缝隙战略的效果是什么呢？就是成为这个领域的 NO.1（最理

想的是成为唯一）。NO.1的企业意味着占有的市场份额最多，在产品规模和品质上也最受市场以及顾客的认可。为什么要以成为 NO.1的企业为目标？以下指出几点理由。

• 市场份额越大，在规模经济和经验效应的作用下收益性也会增加，与之相对的，就算因为前景好而跟着其他公司进入竞争激烈的行业，如果没有市场份额，成本一旦增加收益性就会降低。

• 顾客只会记住一个领域的一个企业或者品牌，出租 DVD 的就是茑屋，日本的服装零售就是优衣库，因为只要提到这些，人们的脑海中浮现的是这些首屈一指的企业。当询问客人某个行业领域时，企业的名字能不能浮现在顾客的脑海中这一点是很重要的。

如果是 NO.1，那么不论它是多么新型的行业，第一就是第一。成了第一，顾客的信赖感也会不一样，想要寻找股东也会更容易。软银公司的社长孙正义很早以前就在公司内外宣称"成为压倒性的行业 NO.1"，个中缘由就在于此。

下面我来解释说明一下如何选定事业领域，即事业范围以及价值链功能环节的集中利用问题。

二、事业范围的选定方法

当我们选定事业范围（事业领域）的时候，首先最重要的就是认识到自身优势。这并不是否定那些不具备优势的领域，否定它们的可能性，只是我们应该优先选择拥有较强的特定技术或是顾客基础的领域。在思考"自身优势"时，请参考加里·哈默尔和普拉哈拉关于核心竞争力的概念。所谓核心竞争力，就是自己公司能够给顾客提供价值的技术核心，它能够让公司在竞争中具备优势，在合作中掌握主导权。上述的内容列举一些例子，包括本田公司的发动机技术、索尼公司的微型技术、夏普的液晶技术等（在代指"本公司的优势"的词语中，经常会用到"能力"一词，一般来说，核心竞争力是指价值链中特定功能环节的强大，而能力则是指贯穿整条价值链的组织性的强大，本书不拘泥于两者细微的差别，将本公司强大的核心称为核心竞争力）。

如果是从零开始的风投企业，大多数情况下是没有能够称之为"核心竞争力"的强劲实力的，必须要从头开始建立起这种实力。一般情况下是以发挥管理团队的特长（关于特定技术或行业的知识、洞察力、人脉网络等）为方向考虑的（参照第5章）。

领域设定是开展新事业的第一步，这一步需要我们在完善核心竞争力要素的同时建立起自信并且扎实的基础。

此外，在实际设定领域的时候，将该领域控制在合适的范围内也是非常重要的，设定得过大或者过小都会对之后的事业发展产生巨大的影响。

例如在资金和人力都很有限的事业起步期，如果将领域设定得过大就无法进行完善的调查分析和企划制定，事业的目标也会很容易变得模糊不清。

不过虽说如此，如果把事业范围过于局限在优势领域内，就算当下会获得成功，之后也会陷入发展前景窘迫的僵局。另一方面，如果该领域本身就不符合时代潮流，那投资人极有可能会面临事业难以继续的困境。

举个例子来说，三得利公司是以生产销售威士忌闻名的，但是如果他们只将事业领域限定在制造威士忌方面的话，就不会有现今综合性饮料大型厂家的地位了。可以说正是在消费者不喝威士忌的时候，三得利才确立了替补事业，降低了事业发展的风险。

而本章的例子优衣库，就是在一段时间内利用自己销售网络的优势开始进行蔬菜的销售，但因为不熟悉生鲜食品这个领域，即使为商品的买卖伤透了脑筋，也没能像卖服装那样大获成功，最后只能损失惨重，草草收场。

能认识到自己公司的核心竞争力，并将这种力量集中起来贯彻到底，同时瞄准能够发挥自身独特优势的领域，这在新事业开展过程中非常重要。

选定领域的时候还要对事业的特性和KSF（成功的关键）有一定

的认识。大众市场型事业重点是规模经济性吗？分散型事业追求的是高附加价值吗？资本集中型事业一定需要巨额的设备投资吗？需要优秀劳动力和智力的事业属于劳动集中型还是知识集中型？

如上所述，在制定合适的事业战略时，正确把握事业的特性和KSF至关重要。无论自己公司的核心竞争力有多么强大，在成本至上的事业领域，从顾客的角度来看，用过剩的附加价值作为撒手锏实在不是明智之举。

还有一点，定义领域和市场细分并不相同。市场细分是区别性地选择市场中的消费者，再对应性地考虑产品（商品）和市场策略的组合。

而领域的设定则是以本公司的优势为基础，重新框定市场，在促进市场健康发展的过程中找到自身的发展机会。这就要求公司必须持续性地发挥本公司的优势，也要发现并选定有意义的事业领域。

三、价值链环节的集中方法

在着手开展新事业之际，企业并不一定要亲自准备好所有的环节（生产、开发、市场等），对于资源不足的新事业，我们必须考虑的是，到底应该将价值链中的哪个环节集中在公司里。

说得极端些，就算是制造商也不用必须具备生产产品的功能。不论是电脑制造商还是服装制造商，我们能看到其中有很多成功的案例，但也确实存在不具备开发功能，仅仅承担生产工作的 EMS（电子制造服务）的情况，我们需要抛开固有观念，然后合理地看待价值链中的环节着力点。

接着我们再看一下集中价值链环节的目的。先用"速度杠杆"这个词进行说明吧。将人力、物力、财力这些经营资源尽可能集中地投入某个范围的话更容易产生效果，形成竞争优势，而且因为这些资源相对集中，事业规模扩大的速度也会加快，从而不会被竞争对手赶超，最终能强化竞争优势。

观察了很多案例我们会发现，新事业的经营资源都非常有限，所以集中资源就显得更加重要（这一点和之前说的事业范围的选定是相通的）。例如第1章的商业模式中介绍的戴尔，它实施了笔记本电脑行业的 BTO（接单生产），确立了公司没有工厂，进行组装后即刻将产品送至顾客手中的"戴尔模式"。凭借快捷的网络下单方式、丰富的可供选择的电脑样式、业界首屈一指的低价以及较快的送货速度，戴尔公司大获成功。

丰田汽车公司的零部件（以下简称丰田）几乎全从其他公司订购，公司内部的中心则放在组装、产品开发和市场销售上。像丰田这样的公司不可能制造不出零件，很明显他们意识到了价值链环节的选择，正是这种任务分配的模式让丰田实现了综合实力世界首位的生产力（图表2-1）。

武田药品收购的医药品风险投资企业——千年制药公司与一般的医

药制造商（图表2-2）不同，它选定了价值链的上层进行创新，进而维持了自己的竞争力。这既是价值链环节选定的典范，也称得上是重建价值链的典范（图表2-3）。

从武田药品的例子和优衣库的例子中我们可以看到，价值链环节的选定或是重构都是与商业模式的设计息息相关的重要因素。

图表 2-1 丰田公司的价值链

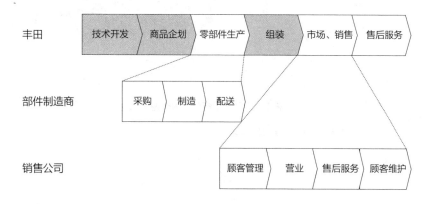

图表 2-2 医药品制造商的价值链

一般医药品开发流程

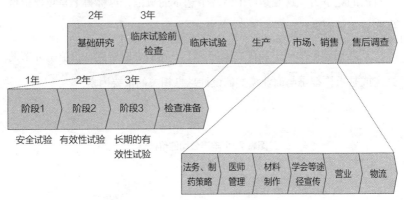

图表 2-3 千年制药公司的价值链

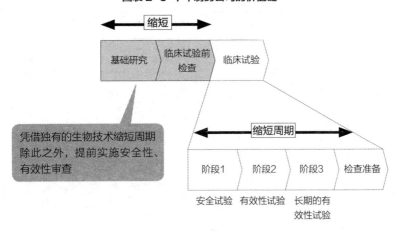

四、全权掌控价值链不可取吗

到现在为止我说的都是选定价值链环节的好处，那么全权掌控价值链就一定不可取吗？

优衣库、ZARA（西班牙品牌）、H&M（瑞士品牌）等 SPA 模式的企业虽然没有完全把握价值链中的所有环节，但包括服装的企划、批发、零售在内的价值链中重要的环节都是由公司掌控着的。正是因为管理着这一系列的运营，面对时尚的百花齐放，公司能够迅速采取对策应对，获得了竞争中的优势，在行业内确立起了一定的地位。可以说，价值通过整合供应链产生（不过对优衣库来说还是在蔬菜事业上摔了一个大跟头），要想看清这一点是很难的。

不过可以断言的是，在所有事业领域全权掌控价值链的做法是非常危险的。是不是真的能够产生价值？有没有竞争力？能不能迅速地应对变化？在考虑这些因素的同时，我们也必须判断出"什么样"的限制在"多大"的范围内是有效的。

专栏：事业领域的优先顺序

新事业一开始就进军多个领域是不现实的，不过从较早的阶段开始计划展开多个事业领域的情况也是存在的。从函授教育事业到出版事业就是一个例子。在这种情况下，我们要衡量各事业领域的魅力程度和持续获利的可能性，同时也必须考虑从哪里开始进军的优先顺序。

明确了优先顺序后，就要根据各自不同的事业领域，制定出经营资源分配、抢占的顺序、重点。

具体内容可以参考图表2-4的工作清单。

图表 2-4 某服务行业优先顺序的例子

事业领域	顾客简介	魅力程度	强大的源泉	差距	风险	优先顺序	方针	实现的可能性
A	大型法人中心	中等	员工教育，设备投资	大	大	低	不干涉	—
B	阔绰的散客	高等	品牌的力量，员工教育，设备投资	大	大	低	不干涉	—
C	中产阶级的散客	第一印象低，但根据做法不同有的很高	低价运营	做法不同有可能实现	中等	高	实现长期低价运营	中或高

改变竞争规则

为了获得新事业的成功，一个有效的方法就是不拘泥于固有常识，要制定新的竞争规则，换句话说，即以新的战术挑战现有企业的战略性地位，也可以说是进行战略的创新。

比如人们通常认为日用品行业的竞争焦点只在于价格，但每个具体的部门中又有细微的需求差异，如果能够精确满足这些需求的差异或许就能够在该部门范围内占据优势，这就是墨西哥水泥公司"麦西恩"采取的战略。在被公认为不会有所创新的水泥行业，麦西恩赢得了非常高的收益。

同样的，星巴克敢于挑战美国以淡味咖啡为中心的咖啡文化，将意大利米兰风的高品质咖啡推广开来，确立了自己独特的地位。

在前例中介绍的20世纪90年代后期的优衣库颠覆了服装业"时尚最重要的就是和别人不同""库存的商品很快就会失去价值"的常识，不分年龄和性别，贯彻了基础、休闲的理念，凭借制造零售业的畅销力，在保证品质的同时降低了商品库存的风险，同时又实现了打破传统观念的低价。这些都是通过创新创造新价值的例子。不过，虽然说是创新，但其实如果将要素分解一下的话是非常容易解释的，有很多通过组合几个部分实现创新的情况。

一般在成熟的市场中，大企业是在过去几十年间发现的竞争规则的基础上确立起竞争优势，做成了自己的生意。

但话虽如此，如今大企业的未来不可能一直是风调雨顺的，随着日新月异的技术革新，社会的高度信息化，人们越来越认识到外汇和大环境的重要性，伴随着市场规则的放宽、社会老龄化等外部因素的变化，产业结构和竞争市场也必然会发生改变。现存的企业仅仅是在过去的前提条件下开展事业，而这种前提条件其实是非常脆弱的。

从挑战新事业的立场看，首先就是要了解之前的大企业是凭借怎样的竞争优势开展战略的，这一点非常重要。

竞争优势中的典型关系如下：

迈克尔·波特的竞争优势理论：

• 总成本领先战略。
• 差别化战略。
• 专一化战略（集中成本领先、集中差别化）。

迈克尔·特雷西和弗雷德·维尔斯马的价值信条理论：

• 产品领先。
• 亲近顾客（与顾客保持密切关系）。
• 运营卓越。

无论是哪一种理论，想在竞争中脱颖而出的关键就是要看清影响大环境的变化，制定与传统竞争规则不同的新规则，然后成为领军者。

一、制定新的竞争规则

了解环境的变化后，仅仅追赶潮流是不够的。因为现在社会处于环保商业热潮中，所以认为生产销售一些环保产品就可以了，如此程度是无法形成新的思维规范、也无法制定新规则的。因为在已有的框架中你能做到的事情，其他公司也一定能做到。

与追赶潮流不同，利用环境的变化塑造新典型的时候必须要制定新的规则并推广开来，进而吸引市场的目光。新规则一定要适应新的环境，要颠覆其他企业设定或假定的竞争规则。要么从市场外部来看，要么反过来看，总之一定要否定长久以来人们坚信的"这样做就卖得出去"的想法。

制定新竞争规则一开始势必会成为众矢之的，做一些违反行业常识的事而被批判是再正常不过的了，但是不能因此胆怯，你要相信，传统的大企业给你的压力越大证明你的想法越有希望，如果连这种气概都没有，无法直面压力的话，就算有机会你也是很难成功的。

20世纪90年代，卡西欧手表的G-Shock就改写了手表市场的规则。在那之前的手表都是凭借报时的正确性和是否高级（看上去是否高级）来参与竞争的，G-Shock以傲人的强悍耐用、颜色、形状、样式的多样诠释了手表作为时尚单品的魅力，它一出现就在市场上大受欢迎。

新挑战想要成功还有很重要的一点就是，设定让大企业无法同场竞技的规则，这一点可以参考早稻田大学教授山田英夫的竞争理论。山田教授认为有必要根据企业在市场中的相对地位去探究可取的战略。他指出挑战者（定义为行业内进攻领军企业的新企业）就算采用了差别化战略，也会出现被领军企业模仿尾随、抢走市场份额的问题，为了防止这个情况出现，就需要企业在以下框架中开展让领军企业难以尾随的战略。

将领军企业的企业资产和市场资产作为进攻对象，用"想模仿也做不到"或"能模仿却不愿意"的进攻方法，二者结合，可称之为"矩阵战略"，如图表2-5所示。

图表 2-5 领军者难以追随的"追随者战略"

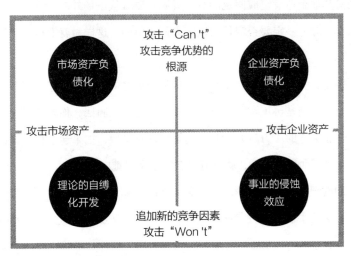

出处：山田英夫《逆转的竞争战略》，1995年。

（一）企业资产的负债化

一种进攻战略，指的是开发新产品、提供新服务或是更新管理体系，使得难以代替的企业资产（人力，物力、财力等）以及企业集团的所持有资产（连锁店、代理点、营业员工）失去价值。例如函售（邮购）的销售方式能够降低"店铺"这一资产的效力。本书的卷末资料中介绍的LIFENET 人寿保险公司的战略属于这一类。

（二）市场资产的负债化

一种进攻战略，是指开发新产品、提供新服务，使得购买领军企业产品或服务的消费者所积累的难以替代资产（软件、备用零部件等）失去价值，例如性能占绝对优势的打包软件对既有的信息技术公司造成了很大的威胁。

（三）理论的自缚化开发

一种进攻战略，指创造与之前领军企业对顾客所宣扬的理论矛盾的新产品、服务，领军企业若是简单跟随会造成形象的反差与分歧。与昂贵的高级品牌相反，以中等价格获得胜利的企业也不少。

（四）事业的侵蚀性

一种进攻战略，是指创造与领军企业的招牌产品、服务相斥的新产品、服务，从而引起领军企业产生是否应该跟随的分歧。典型的例子就是曾经的起泡酒和第三啤酒。

当然，构思新竞争规则的同时也必须尽快创造一个有利可图的新商业模式。这个世界上拥有新奇想法的人很多，但是很少有人能够制定出将想法变成一桩生意的计划、仔细考虑想法实现的可能性，并寻找、收集必要资源。当新的企业用新的竞争规则吞食已有市场，从以前的企业那里抢来市场份额成为大玩家时，过去的典型就被刷新重建了。

图表 2-6 破坏性创新

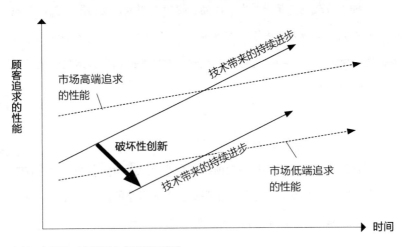

出处：克莱顿·克里斯坦森《创新的困境》。

在改变竞争规则时，也有企业会彻底省去无用的规格，创造出超低成本的产品和服务来避免竞争对手的模仿，因为大公司往往关注的是技术和高端顾客的需要。这就是所谓的"破坏性创新"（由哈佛商学院教授克莱顿·克里斯坦森提出），这种做法有可能一次就获得数量庞大的低端顾客群。

不仅是制造商，本书卷末介绍的 LIFENET 人寿保险公司的例子也是如此，通过提供彻底淘汰多余服务的保险产品来防止其他大型保险公司的反击。

技术提供者往往会提高已有的技术而蔑视层次较低的技术，但很多顾客并不一定追求那些高端的规格或功能，上述的这种"破坏性创新"就是灵活运用这种现状的做法，克里斯坦森将这种状态命名为"创新的困境"。

二、建立常胜的模式

设定好了新规则和典型，接下来要做的就是考虑如何将这种成功的状态持续下去。如果能设定新的竞争规则和定式，那接下来就是要考虑如何持续性地实施常胜模式了。

（一）让自己制定的规则被社会认可

将新的规则带入市场就变成了新规则和旧规则共同存在于市场的状态。有些大企业随时会毫不留情地击垮新规则。与此同时，行业团体和行政部门会接连介入，通过各种媒介向顾客发出警告。这就是规则和规则之间的竞争。

制定新规则首先要得到消费者的支持，让社会认可这个规则的价值。因此，有必要制定一个便于同社会各方面进行有效沟通的战略和广告宣传战略。在此基础上，将凭借新规则早早就获得收益的上游行业和下游行业也吸收进来，共同在市场上推进新规则的实施。要让客户、上游行业、下游行业、政府等各种立场的人都认可这个新的规范，认为这个规范是正当合理的。这点和围绕着"行业标准"的竞争状态十分相似。

专栏：行业标准

所谓行业标准，并不是某个正规的国家机关认定的标准，而是同一行业内的大多数人所认定的按照市场的实际情况制定的标准，包括产品的规格等内容。影像制品行业的 VHS、电脑系统的 Windows（曾经是 MS-DOS）就是典型的例子。

要想获得行业标准的认定，关键是要在早期吸收用户和注意能增援自己的伙伴企业（就如 DVD 播放器必须要有 DVD 播放软件这样的辅助品那样，与其他产品和服务捆绑在一起共同销售）。要制定让对方觉得受益良多，认为"这个行业标准对我们有利"的战略。

比如微软，从1980年初期就开始与软件开发公司积极合作，将他们作为自己的一个重要增援伙伴，也主动向他们提供各种支援。

（二）加快速度

创造新事业的时候，在遵守新的竞争规则的同时要加快事业的发展速度，一定要和从后面追赶上来的公司拉开距离。

如果不想让自己的生产经营活动仅仅是围绕"寻找市场缝隙"而展开的话，那就要猛踩油门，建构一个能不断扩大自身事业规模和范围的机制。

　　一鼓作气地扩大规模，不仅能让自己成为先行者，优先享受到市场利益，也能作为领军人物确立自己在市场的地位。另外一方面，加快事业的开展速度对投资的早日回收也是有利的，这样一来，做事效率就会大大提高。

　　加快事业进展速度的另一个好处是，从领导者的角度来说就有空余时间思考下一个竞争规则了。在这种情况下，就算是有其他企业追赶上来或又出现了新的竞争对手，那自己的企业也能很快转变方向，开始转移阵地到下一个新的竞争阶段。

　　前述中的 G-Shock 就是卡西欧加速扩大了自身规模后，在当时手表行业创造的全新概念的手表。同时面向女性消费者推出了 Baby-G 系列，通过这一销售战略增加了品牌竞争力，获得了消费者的支持和巨大的收益。除此之外，在原有竞争规则的基础上又增添了一些新的规则，比如发行限定数量的纪念款手表等。这个规则也很好地挡住了某些迎头赶上的竞争对手。

　　（三）不断增创自身优势

　　多层次地增创自身的优势，通过积累、修正、补充等方式形成让对方难于模仿的风格特点，这一点很有效也很重要。关键要认识到，不要将自己的优势看作一个"点"，要把几种优势整合起来建构"具有立体感的优势"，这也会造就自身稳固的事业基础，并且不易被人模仿。

如图表2-7所示，第4章介绍的上海万革始应用软件有限公司的案例向我们展示了如何扩大自身的优势。以往的软件公司提供的都是面向公司业务开发的产品，而且也没有客户定制的产品，上海万革始应用软件有限公司打破了这个行业规则，公司当时凭借其本身优势，在不断的发展过程中增创了更加强大的在事业构造上的优势，构筑了在行业中独步天下的地位。

图表 2-7 优势的构筑过程示例

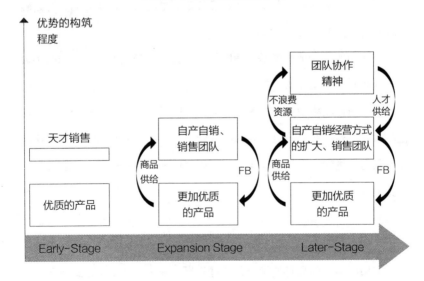

126

运用成长战略扩大规模

当新事业成功迈出了第1步，并且逐渐走向正轨之后，要达成的目标就是让新事业成长起来了。如果是有发展希望的企业，那它的扩大发展对社会是有益的，如果是被社会认可并希望其扩大规模的企业，那就说明它是有希望、有未来的。

当然，扩大规模有2个方向："良性扩大"和"恶性扩大"。

恶性扩大的特点是，在自身毫无优势的领域将事业多元化。新事业成功后要做的就是扩大事业规模了，如果在做这件事的目的还不明确的情况下就扩展价值链和范围，不仅会增加成本付出，也会减慢事业发展速度，这就是百害无一利的多元化。

特别需要指出的是，如果将扩大规模作为目的，而并非认真地分析能带来成功的要素，会导致轻易使用一些不费劲的、并没有经过深思熟虑的方法扩大事业。材料和零件厂家加入成品加工的领域就是一个典型的例子。因为经营方式和具备的技能技术不一样，竞争对手也是另外一些群体，要想在着中间取得胜利是很难的。

然而，这类诱惑比当事人想象的吸引力还要强大，所以在创立新事业的时候务必要小心，不能疏忽大意。

所谓良性扩大应该沿着引导事业成功的方向前进。对自身具有的优势要了如指掌，然后要始终将注意点放在客户的特点方面。有深度地推进扩大事业，注意要限定范围和瞄准前进方向，获得信赖后再让事业逐步渗透，要多层次地展开。避免用不费劲也没有经过深思熟虑的过于多元化的开展方法。

举一个向服务行业提供信息系统服务的企业法人的例子吧。成功地接受了希望通过信息共享促进业务运营的客户公司的订单后，可以更深入地推荐便于使用且有魅力的应用程序。

另外还有一个战略就是将自身吸引顾客的某种特定优势发挥到其他地区，在其他地区寻找新的顾客群体。宜家销售的是设计感强但价格便宜的半成品家具，它在创建地瑞典获得了巨大的成功后，决定在瑞典以外的国家继续开拓与瑞典客户有同样兴趣的新客户，如今已经在数十个国家开设了店铺。

随着规模的不断壮大，有一些情况的发生值得引起我们的注意。那就是即使不改变提供的产品，但客户群的特征有可能发生一定的变化。当你提供的产品和服务逐渐受到社会的广泛关注，随之而来的是急需吸引狂热的追随者以外的新顾客。

比如，iPod 是在 Macintosh（苹果第一款集成了图形界面和鼠标的个人电脑）已经占有了相当的市场份额的基础上被开发出来的，最初它得到一些 Macintosh 粉丝和追赶潮流的先锋人士的热烈追捧，之后逐渐作为便携式音乐播放器为大众阶层所接受，从此苹果公司也开始关注苹果电脑使用者之外的消费人群。最后 iPod 的销量竟然超过了自己公司的电脑销量，发展成为苹果的支柱产品。随后，iTunes Store 等苹果电脑运营的音乐商店也扩大了其服务范围和服务对象。苹果向希望随时随地听音乐的客户群提供了多层次的服务，取得了巨大的成功。

一、Ansoff 矩阵（市场多元化矩阵）

如果想要扩充新产品的开发生产战线，那需要注意以下几个要点。如图表2-8所示，产品的生产扩大来源于客户群的扩大。在思考新事业的扩大战略方面运用 Ansoff 矩阵是很有效的方法。通过 Ansoff 矩阵让我们分别对以下的内容进行解说吧。

图表 2-8 Ansoff 矩阵

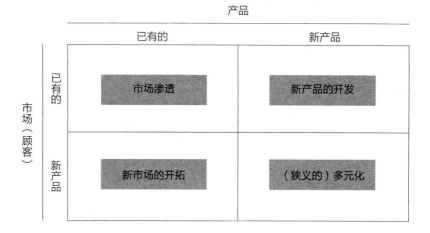

（一）市场渗透战略

随着事业的快速发展和行业门槛的逐渐形成，企业的市场份额也逐渐增多，此时可以考虑引进顾客关系管理系统。其最终目标是吸引新客户、保留老客户以及将已有客户转为忠实客户，增加市场。让顾客提高使用产品和服务的频率，或者让顾客增加使用产品和服务的量是很重要的。

（二）新产品的开发战略

针对老客户采用投入新产品的方式达到企业发展的目的。并导入与产品有关的配件和附件，有时也可以看情况着手开发全新的产品，但是瞄准的目标最终还是现有的老客户。

（三）新市场的开拓战略

尝试将现有的产品面向其他领域的新顾客进行销售，在国外开展业务是典型的战略。在了解地域差异的基础上实行最合理的经营，有时也会作为一个全新的品牌在国外得到发展（比如无印良品）。

（四）（狭义的）多元化战略

在新产品的开发战略和新市场的开拓战略的延长线上有一些新的领域，通过进军这些新的领域实现自身的发展目的。产品也好市场也罢，如果没有一个周到的计划，成长战略在不久的将来会陷入岌岌可危的境遇。这在现实中就属于成功可能性最低的战略。

二、多元化的方向问题

说到如何充分发挥自身优势的多元化发展方向，我们可以将其做如下分类。

（一）水平型多元化

在同一领域拓展自己的事业范围。如摩托车厂家将自身的事业范围向汽车行业和自行车行业拓展。

（二）垂直型多元化

比如，厂家负责从生产到运输保管、销售等流程。或者某些销售店同时负责产品制造，这些都是将事业拓展到上流行业或者下流行业的良好范例。只是，有时由于员工价值管理工具是不同的，所以要注意避免出现和客户进行竞争的情况。

（三）集中型多元化

电脑公司苹果从开发 iPod 和向用户发送音乐的服务开始，从已有产品出发，并在已有产品的基础上陆续开发其他新产品，即便是进军一个新的领域也是和自己的老本行差异性不大的领域。如此一来，在两领域开展的事业相辅相成，可以互相促进。和苹果一样，尤妮佳的女性生理期护理用品和婴儿尿不湿也是集中性多元化战略的典型范例。

（四）集成型多元化（复合企业型多元化）

Seven&I Holdings 旗下的 Seven 银行推出全新类型的服务和产品，这是集成性多元化战略的范例之一。只是，这类战略开展起来一般是伴随着一定难度的。Seven 银行因为有遍布各地的便利店，这就成了它的事业依托，帮助用户解决问题，真正体现了"便利"。因此，Seven&I Holdings 的便利店事业对银行事业发挥了作用。

三、迈克尔·卡苏曼诺的框架

能促进企业快速成长的事业框架之一是迈克尔·卡苏曼诺提出的框架结构。

（一）扩大规模的战略

企业要围绕技术和附加价值这两个事业核心进行产品研发和服务开发、扩充产品生产销售线。利用已有的产品分销渠道快速地向有同样需求的新客户群提供产品。标准化和完善的过程是实现此战略的关键。

（二）复制战略

这是复制现行的商业模式，将它用于新地区的战略。比较典型的成功范例就是前述的家具销售公司宜家。将自己以往的经验用在新地区的产品开发和生产，还有开拓市场上，这个战略非常有效。只是，因为每个地区都有其特点，所以在进驻某个地区之前需要快速学习地区的特点和概况。

（三）培养战略

当规模扩大战略和复制战略到了临界点时，那就需要我们区分并了解业务种类的分类或所属地域的分类，然后选择适合自己的分类，将它一步步培养下去。实行这个战略时要注意不要懈怠对事业机会的观察，同时，要建构一个能充分发挥企业家精神和每个员工都具有企业家精神的组织。

四、评价事业扩大后的标准

最终，不论是扩大什么样的事业，其评价标准都是"对市场来说，是否具有一定的魅力"和"是否具有构筑持续性竞争优势的可能性"，这两点我们在前几章中已经反复提到，也同样适用于思考新事物。

反过来说，在思考事业创意和商业模式的时候也需要好好讨论并审视"是否具有发展性"这一点。比如，亚马逊不仅仅局限于书店这一经营形态，为客户提供如 DVD、玩具、家电、食品等各种各样、数百万种的商品，如果对于一个企业来说，成长是它的必须条件，那创业家和企业家务必要对"是否具有发展性"投以足够多的关注。

五、具有选择权

若是希冀扩大自身事业，那一定不要有先入为主的观念，最好准备几个可供选择的战略。这样做既可以降低风险也能在一定程度上增加灵活度和坚固度。

再者，这点对于一个有实力和有稳固基础的企业来说，在其组合资产构成方面是很有用的。但是对于一个风险投资企业来说是比较困难的。想要在商海打败竞争对手，就要意识到需要具备一定的经营资源。

将战略付诸实践

之前我们已经讨论了在制定新事业战略时的几个典型的企业范例。不管你的战略多么的滴水不漏、完美无缺，但是如果不将它付诸实践就不具有任何意义。下面我们就来继续探讨一下在实行战略时需要注意的几个点。

如果决定了战略的大致框架，那接下来就是要将它落实于业务步骤和行动计划里，在现场让它付诸实践。包括在我们设计行动计划时，筹划进展时间表、PDCA 的控制管理计划，还包括人事管理体制的制定、设备、人员调配计划、财务计划等。

在此，我将说明一下在其他章节没有提到过的如何将战略实际应用于业务过程中的方式内容，并在讲解筹划进展时间表和 PDCA 控制管理计划之后阐述"贯彻始终的行动力"是如何发挥其作用的。

一、在业务过程中执行战略

战略和商业模式的操作运转是将战略付诸实践的第一步。这一步需要我们事先在脑海中描绘出商业模式的实际形象，并将这一步写在我们的事业执行步骤中（图表2-9）。

图表 2-9 事业模式的范例

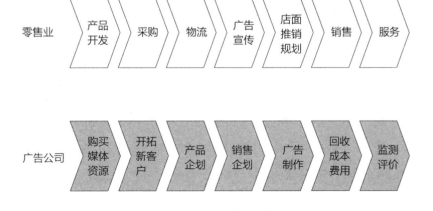

135

图表 2-10 将战略落实到详细的业务执行步骤中

事业模式
基本战略

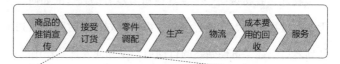

将不需要产品说明的电脑重度使用者作为客户对象。公司不具备生产能力，实行业务外包。争取在客户订购产品后的48小时内完成产品配送。彻底杜绝成本浪费，实现低成本、低价格的目标

事业执行
步骤

| 商品的推销宣传 | 接受订货 | 零件调配 | 生产 | 物流 | 成本费用的回收 | 服务 |

业务步骤的
设计方针

客户的订货要通过电话订货中心，提高中心的运转效率和服务速度，将商品分类后做成商品目录的方式可以间接地削减业务成本

业务步骤

客户	电话订货中心	销售支持
电话订货	受理　判断对方是老客户	向客户寄送商品目录

所谓事业执行步骤，指的是从筹措到交货配送的整个过程。那我们要考虑的就是在事业进程中如何制定执行步骤和行动顺序。基本来说其实这也是细化分类价值链的过程。只有在明确了事业执行步骤之后，我们才能比较容易理解究竟是哪一个步骤在战略上具有重要意义。希望大家能做到的是，让自己战略的所有步骤都有不易被模仿的特点。

在我们描绘事业执行步骤时，为了不漏掉重要的部分，最好将执行顺序按照时间来排序，然后在实际执行的过程中，不断确认顺序的对错。

接下来，我们就来看一下在详细的业务步骤中该如何执行战略（图表2-10）。这时需要注意的是执行方式，需要做到将它类型化，不仅能得

到其他人的理解，还是具有一定规模性、能简单执行的。如果相关联的人换成了另外一批后就无法得到正常实现的话，就说明这个事业是无法继续扩大下去的。期待大家能在创意上多下功夫，制定出与众不同且高效的事业执行步骤。

之前已经叙述了商业模式。将战略与独具特色的人事措施和企业文化很好地融合起来，才能形成旁人不易模仿的竞争优势。

二、行动的执行时间表

该在哪个时期执行，如何去做，期待什么样的成果，这些内容在计划一览表中都会渐渐明晰起来。推进计划的相关人员通过观察计划一览表，就会了解计划进行到哪种程度。我们经常用的是称为"甘特图"的图表，如图表2-11所示。

图表 2-11 甘特图的示例

人才招聘预定计划表

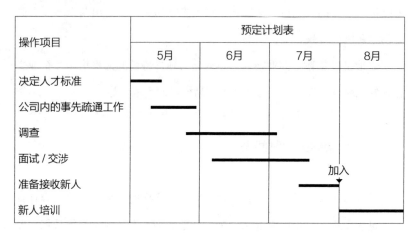

操作项目	预定计划表			
	5月	6月	7月	8月
决定人才标准				
公司内的事先疏通工作				
调查				
面试 / 交涉				
准备接收新人			加入	
新人培训				

　　在事业发展的初期阶段必须要注意的是该如何赢得客户这一点。如果是迄今为止都没有人做过的新型事业，如何创新（追求新产品和服务的顾客群体，特点是喜欢新鲜事物和高科技产品）和勇赶潮流（比其他人更早地使用新产品和服务的很明智的顾客群，与追求创新型产品和服务的顾客不同，他们不是看到一个新兴事物就立刻趋之若鹜，而是首先判断这个产品或者服务是否有用，如果对他们来说是有帮助的，那就会出手购买）的特点就成了大众所关注的焦点。在我们充分思考了创新和勇赶潮流这两者的基本共性后，接下来要做的重要一步是思考该怎样做

才能无限靠近并抓住这两类顾客群体的需求。

我们需要不畏辛劳、持之以恒、踏踏实实地做出努力，从而获得顾客以及他们的认可。因此，创造事业并非会让我们走进一个绚丽的灿烂夺目的新世界，只有老老实实地在泥坑里摸爬滚打，哭过奋斗过，才是事业创造的最重要的一面。

关于这点，如果真的探讨起来实际上毫无止境并且非常深奥。向大家推荐《跨越鸿沟》和《创业者的教科书》，希望大家通过阅读，能感受到企业家和创业者的内心世界。

（一）对方是法人客户时采取的市场营销策略

如果对方是法人，那采取的策略相对来说较容易。比较有效的方法是首先列出专有名词，然后在此基础上探讨攻略方法。在开拓法人客户时，行业内有影响力的人物具有重要意义，通过他们介绍法人客户是极其关键的。要构建与行业专家学者和行业协会，或者咨询顾问之间的关系，并思考如何将他们作为自己与法人客户之间的桥梁。

（二）对方是普通消费者时采取的市场营销策略

选定普通消费者时，不像法人客户的选定那样容易。我们先通过回答以下提问来明确一下该如何选定吧。

- 要想获得潜在客户的认知和理解，利用哪些媒体才是有效的？
- 用怎样的广告宣传才能提起对方的兴趣？
- 做怎样的销售、促销宣传活动吸引顾客？
- 具体要使用哪些宣传的渠道、工具？

三、控制管理计划

执行总战略和执行将其分类后的每个战略环节，这个步骤属于PDCA 中的 P。然而最重要的其实是这之后的 DCA 的部分。在执行整个战略的过程中，必定会有意想不到的事态发生，环境多多少少也会有所变化。此时如果依然中规中矩地执行原计划，那简直就是自杀行为。我们要认清现状，理清思路，做出必要的符合现状发展的改变。具备这种能力可以为我们提升事业价值，并增强我们处理问题的灵活度和柔韧度。

要想顺利地运转 PDCA 体系，需要我们制定 KPI，并且要构建能及时汇报指标数据的体制（参照第5章）。KPI 并不是接受订货额和市场占有份额，而是与客户约见的次数、约见成功率、访问次数、提案次数、协议签订成功率、每个案例的签约金额、签约成功需要的时间周期等这些指标。这样也就会清楚地知道是否在按照计划执行了，从而让问题得以顺利解决。

KPI 制定后要保证报告的及时性。即企业必须明确整个绩效管理运作过程中信息的有效传递和及时反馈，这样才能使考核结果真正发挥有效的作用。比如要在观察三个月前的指标数据的同时，不断调整计划，要根据实际情况变化和年度目标进行调整。

要想顺利地运转 PDCA 体系，团队之间通过开会讨论来设定目标是很重要的。召开会议的频率、让什么样的成员参与会议、围绕怎样的讨论事项来进行商议，这些内容都需要提前决定好。在大多数的企业，每周一次或者隔周一次召开会议，因此 PDCA 是通过团队来共同运转的。当然，如果发生了突发情况，处理突发情况时也是需要召开紧急会议的。

四、贯彻始终的执行力

近年来大家经常提到的一点是："在谈到战略和商业模式时，能脚踏实地将两者实施下去的实行能力不言而喻是决定胜负的关键。换句话说，这种实行能力就是贯彻始终的执行力。"本书也与此观点是同样的立场。因为无论是多么精彩的计划，如果不将它贯彻始终地执行下去就意味着所有的一切只不过是"纸上谈兵"。领导者要将自己的关注点着眼于"贯彻在计划执行"上，并将这点作为企业文化逐渐渗透在员工当中，对于团队来说这点也是发挥团队能力的重点。

虽然不是新事业，但是我们能看到大型企业也将此点的作用发挥到了极致。比如丰田汽车公司和7-11公司，丰田自始至终都将"丰田流的问题解决方式"和"丰田模式（也被称为丰田之路）"贯彻在各个团队中，正是因为做到了这一点，才有了我们现在看到的非常有"执行力"和"再现性"的丰田——一个具有强韧体制的企业。7-11公司的"假设验证法"也是因为具有贯彻到底的执行力从而获得了成功。

实际上，我认为最难被旁人模仿的竞争优势，其源泉就来自于"贯彻始终的执行力"。

专栏：平衡合理性、逻辑性、创造性、革新力

说到战略，不可或缺的是要有合理性和逻辑性。因此在制定战略时要做到以下4点。

- 客观、正确地观察看待事物。
- 将观察到的客观事实作为思考基础，有逻辑地对它进行分析、推理（不要因为未来的不确定性和信息不足就停止思考，或者陷于某种美好虚幻的愿望中，我们需要做的是遵从通过逻辑思考得出的结论）。
- 努力解决问题，解明形成问题的构造原因，探求问题的深层本质。
- 将战略落实于实际的执行计划时，要让具有逻辑性和合理性的思考贯彻始终。

另一方面，不管人们多么熟知完美的理论知识，参与到战略制定过程的成员如果只是安于现状，那他们的理论知识是不会发挥任何作用的。

特别是在制定具有革新力的战略时，这个倾向就愈发明显。

以规避风险为理由而迟迟不行动，或者将过去犯下的某个错误作为自己不敢行动的借口，这是绝对无法让一个企业成长起来的。

只有人才具有创造力和革新力，与合理性和逻辑性不同的是，在书本上我们是不太容易学得到创造力和革新力的。通过在现实生活中得到的经验和案例方法这类模拟体验，在理解创造力和革新力的时候是比较有效的。

在战略的制定上，有时会出现与之完全矛盾的情况，那在执行战略的过程中难免会发生一些争执。因此合理性和逻辑性既可以成为创造性和革新性的引爆剂，也有可能是浇灭我们挑战热情的一盆冷水。

那么，该如何高水平地让两者融合起来，引导我们走向成功呢？这个问题的答案可能平淡无奇，但是我还是想再次向大家强调，那就是领导者自身的素质和坚韧品质。成功地制定了新颖了不起的战略，将不可能变成了可能，这样的企业无一例外都是因为企业存在能将基础稳固的企业战略和企业愿景传达给员工、激发员工热情的领导者。

改变企业的战略不能只是"纸上谈兵"的作秀，而是要扎根于富有生命力的人类世界的。如果不具有与员工分享事业成功的前景、有效驱动员工的工作热情，并且勇于承担风险的企业家精神，那所有的想法和理论终究只是坐而论道，一纸空文。

具有战略意义的革新实践不仅会改变人们的看法，也是源于对自己和过去产生的怀疑，并且深深地扎根于一种强烈的要做出改变的自我意识。作为领导者要对重大问题进行彻底地思考，在战略思维和决策过程中打破固有思维。理智、谦逊、务实、有魄力，这是一个理想的领导者形象。

第

3

章 人才·组织培养和领导力

在考虑新事业的组织运营时，有必要在充分理解组织结构、人事体系、组织文化、领导能力4个要素的基础上，培养出一个能够灵活快速应对的组织。

一、日本屈指可数的好业绩企业

1960年，利库路特的创业者江副正浩创立了"大学报纸广告公司"，1963年4月将公司名称改为"日本招聘中心"，同年8月改为"日本利库路特中心"，1984年变更为现在的公司名称"利库路特"。

1962年，出版发行了《介绍各企业》(后来的《招聘指南》)，开始了作为利库路特基础业务的出版业务。之后，相继出版了1968年的《就业日报》，1975年的《就业信息周刊》(后来的 *B-ing*)，1976年的《住宅信息》，1980年也出版了因广告富有新意而成为话题的《女性求职杂志》。

与此同时，公司的营业额突破了500亿日元，经常利润达到了69亿日元。利库路特自创业以来，取得了良好的发展。

公司在1982年出版了 *From A*（招聘杂志），1984年出版了《二手车信息杂志》《海外旅行信息杂志》等杂志，在各大信息杂志领域取得了丰硕的成果。但是，由于1988年利库路特贿赂案的暴露而广受批判争议。

1992年归入大荣公司旗下，1994年当时的利息负债已达到了历史最高金额1兆400亿日元。但是，从那以后凭借销售额的增长以及高利润体系的支撑，在2000年已将1兆日元的负债全数还清。

这几年内，在营业额利润率为大约30%的高利润体系支撑下，2009年3月，公司联合销售额达到了约1兆800亿日元，经常利润达到了约1100亿日元。

二、利库路特的"人才力量"

利库路特的好业绩的确让人惊奇，但许多人指出它获得成功的主要原因还是归结于"优秀人才的聚集与培养"。事实上，利库路特作为"人才辈出的企业"已向社会输出了各行各界的名人。据说在转行市场曾出身于利库路特的职员被称为"原利库"，并且受到了很高的评价。比如小岸弘和出版发行了利库路特招牌媒体之一的《结婚信息》，2001年退休并创立了婚纱公司。在 NTT docomo 设立"i 模式"的核心人物松永真理也因曾是利库路特的职员而闻名。

可见江副浩正董事长的"利库路特的人才就是资产"这一想法产生的影响之大。

三、坚持自己的招聘风格（录用管理）

利库路特在对刚毕业大学生的录用上花费了其他公司难以想象的劳力。据说在1988年大量录用1036人时，动员了专职录用工作人员150名，在面试时动员了全部公司职员，录用经费总额达到了83亿日元。考虑到当时的经常利润为270亿日元的话，这是一般公司无法想象的金额吧。

其次，与每名学生的平均交流时间非常长。据说5~10人会花费10~20小时进行面试。一般的公司如果要进行4~5次为时30分钟的面试才能获得内定的话，总共也就是需要2~3小时。利库路特录用时所花费劳力的程度也就很好理解了。通过面试判断应聘者的素质及意向，发现对方自身意识不到的潜力，如果判定是适合利库路特的人选，就会以一种"利库路特很适合你"的态度进行劝导，据说不会进行"请您务必来我们公司就职"的强制劝导。相比其他公司，也曾积极录用过没上大学但工作欲望强烈并且优秀的女性。

四、保持和提高积极性的方法（积极性管理）

通过这样的录用活动，聚集了许多有着较高积极性、有上进心、洋溢着一心致力于事业风气的人才。即使有这样的基础，在工作中长时间保持进取心也是不容易的。利库路特作为"人才辈出的公司"的秘诀就在此策略上。

在利库路特过去分发给所有新员工的宣传板上，一个标志性的词语是"创造机会，通过机会改变自己"（以前的公司指南），这是在创业第8年的1968年由江副董事长提出的，虽然在1989年正式的社训消失了，但是有资深员工仍然将写着这句话的牌子摆设在自己办公桌上。

江副董事长表示："这家公司不适合那些不喜欢与人竞争的人。市场竞争是管理公司的原则。比起有才能的人，我更期待努力工作的职员。"正如他所说的那样，职员要始终对工作投入最大程度的热情。虽然不断被教导自主、积极地思考、努力和行动或许是一种沉重的压力，但对于实现崇高目标所付出的努力，不仅会得到奖励，而且还会参与以盛大而闻名的公司内部活动、得到以完成度极高而闻名的公司内部报纸的宣传，以及通过大型条幅和公司内部广播宣传，像影视作品中的英雄、女主角那样耀眼夺目。因此，员工的努力得到了巨大的回报。

五、利库路特的人才和组织

利库路特人事组织的根本在于基本的企业部门制度。收益管理的最小单位被看作是"公司中的小公司"，实际上比一般的企业部门规模还要小，1990年已有600多个，部门之间彼此切磋交流，共同进步。

这些部门成了利库路特的 DNA，与"职员为总管理者"的意识渗透相关联。

对员工的评价具体表现为贯彻始终的能力与结果主义。利库路特几乎不存在按照工龄长短分发工资的情况。职位级别并不是取决于年龄，而是简单地取决于个人的能力与取得的成果。即使是入职第3年，年薪也会出现200万~300万日元的差别。

正是因为在这样的环境下，有许多独立心旺盛的职员，他们极具上进心，认为与其等待着公司分配工作，不如自己创造工作。另一方面公司支援职员的制度也很完备。

1999年，利库路特完全废除了购房补助、借住公司职工宿舍、租金补助、抚养津贴等一系列的公司福利待遇，与此相对应的部分通过工资和奖金支付，废除了将个人捆绑在公司上的制度，同时也扩充了名为"商务大学"的自我启发研讨会，在它的宣传标语中出现了"即使在利库路特中很伟大也很没用"等让人震惊的标语，举办了社会通用技能的讲座，以及对员工能力开发的支援。

除此之外，还实行了以下各项独具特色的人事制度（个别与引进时有所变化）。

• OPT 制度：针对30岁以上的职员，在其退休时除退休金外再支付其1000万日元的制度。目的在于支援独立创业的人。

• IO 制度：退休后一年通过签约继续接受来自利库路特的业务委托，

能保证员工在退休后的2年内继续获得退休前的基本工资。

• 弹性退休制度：工作10年以上，从38岁开始可以选择退休的制度。退休时需要向公司支付一定的费用。

• 职业网络制度：招聘人才的部门在网络上一年内公开招聘2次，求职者可以直接应聘，若与录用方达成一致，部门领导有一周的挽留时间并且没有拒绝的权力。

• 商业视野制度：派遣职员前往与利库路特没有资本关系的公司制度。3个月到1年之内可以体验其他公司的业务。并且也可以体验到类似转行的经历，这么做的优点是可以了解他人对自己的客观评价。

• 基于任务的评估制度：通过各部门要职的人事评价来调查对企业价值创造任务的贡献度大小。

• 利库路特伙伴制度：可以与在特定领域拥有极高能力和技能的外部人才每年签订业务委托合约。

除人事制度之外，作为积极的人才录用策略而闻名的是利库路特的"新招聘改革"制度。员工可以提出对新事业的想法与商业模式的构思，最高奖项为几百万日元，前几名获奖者也会获得奖金，在事业上也会得到支援。值得特别指出的是所有参与者都可以获得相当于2万日元的奖品。"AB-ROAD""ZEXY""达芬奇""HOT PEPPER"等企业就是在"新招聘改革"制度下产生的。

六、创造出领先于时代的先进制度的理由

某个计划有效发挥作用的背景在于各种各样的措施整合完备，再加上管理者强大的信念发挥作用，这是身为利库路特员工的根本。这些因素合为一体才能使良好的循环得以顺利运转，并且占据其他公司难于模仿的优势竞争地位。良好循环指的是"工作人员的行动→吸引喜欢此行动的新人→从业人员行动的强化""从业人员的行动→成功模式的积累→从业人员行动的强化"。

值得惊讶的是，利库路特各种各样措施的原型是从20世纪70年代引进的。几十年前成为经营学关键词的"个人的自立（自律）"，正是因为引进了这样的制度，作为日本唯一一家信息公司的利库路特才得以兴起并迅速发展。

经营者表现出了对"创造新价值"的强烈的信念，同时吸引工作人员的原点在于前面提到的公司规定"自己创造机会，并通过机会改变自己"。

但是，即使经营者的意识很强烈，与制度也相统一，内容本身如果没有普遍的魅力，他的想法也不会被工作人员接受吧。"自己创造机会，并改变自己"这一点是充满魅力的。

第1点，焦点放在个人而不是公司，与众多规定将公司一方作为重点形成了对比。"先考虑自己的成功，那么也意味着公司的成功"，这个想法即使在现在也很新颖。

第2点，个人与公司的距离感是非常现代化的。在"自己创造机会"的背后，是所谓的"即使等待，公司也不会给予你机会"的冷处理精神。所谓的"公司给予你自由，但最终责任还是由个人承担""公司和个人是以达到双赢为目标的商业伙伴关系""做出成果的人，自然就获得更高的工作能力，还能产生更多的市场价值"，这些想法也可以称之为"尝试"，这些合理的构想可以说是日本经营的反命题，因此吸引了很多人的注意。

在利库路特事件后，公司由于混乱产生了超过1兆日元的借款，但在数十年内几乎都还清了。利库路特现在仍作为强势企业继续存在着，其能量来源于哪里？毋庸置疑是它强大的企业文化。

理 论

组织培养的根本

创业家以及公司内部企业家是可以独立完成事业构思以及事业计划的制定，但要实行这个构想并进行日常操作，使之良好运作的组织是必不可少的。特别是风险投资企业的创业家必须要从零基础开始组建组织，结合公司的发展来管理组织，必要时施以改革。你可能听说过"零基础"

这个词，也就是"从什么都没有的时候开始，创造出可以充分发挥职能的组织"，实在是一件"说起来容易做起来难"的工作。

无论是现有企业内部的新事业还是风险投资企业，想要培养出有利于新事业开发的组织，就必须关注以下3个关键词。

- 组织的灵活性（Flexibility）。
- 迅捷的组织运营（Speed）。
- 个人的积极性（Individual Motivation）。

所谓的"组织的灵活性"，若深究，基本与"组织长期的效率"同义。因为固定的组织在某种特定的条件下可能会发挥最大的效率，但以长远目光来看，也会发生效率低下的情况。在环境变化如此迅速的现代社会，灵活性的重要性愈发突出。

所谓的"迅捷的组织运营"，本书也多次提及它的重要性，它是实现"快速化"的必需因素。即使通过灵活运用信息技术快速获取了关于顾客的信息，也与合作工厂建立了密切的联系，但如果核心的公司运营缓慢，在决策与对应上花费大量时间的话，可能最终无法达到理想速度从而被其他公司捷足先登。

所谓的"个人的积极性"，换句话说就是独立地投入到工作中的态度与积极性。新事业的开发是与困难以及各种障碍之间的战斗，必须要绞尽脑汁想出平时想不出来的构思，也必须要全神贯注地与交易方进行持久的谈判交流。

这不仅是对领导者的要求，也是要求所有员工全身心投入去做的事情。因此，不断地激发职员的积极性，给予员工适当的奖励是必不可少的。

这3个关键词的意义很简单。小型的新企业想在竞争中脱颖而出最终取得成功（特别是风险投资企业优胜于大企业），首先必须要提高组织的效率。正如哺乳类动物将作为生物个体的效率提高到最大化一样。在此基础上，必须要提高每个员工的参与积极性。

那么，怎么做才能提高组织效率呢？应该如何灵活有效地运用组织的最小资源呢？应该如何确立能将个人潜能最大化的人事系统呢？怎么做才能提高员工的积极性呢？

本章在这些问题意识的基础上，在有利于新事业发展的组织培养方面，在以组织管理为中心的明确的经营理念（根据职员设立的经营哲学，也包含企业的使命感要素，在第5章经营体系中会详细论述）的前提下，分为以下4个补充体系，即组织结构；人事体系；组织文化；领导能力（参照图表序-6）。

其次，与此有所区别的观点，关于近年来备受关注的"团队管理"会在本章结尾的补充理论中有所提及。

虽然本书没有涵盖个人因素，但说到组织，当然"个人"本身也是很重要的。

例如，在有名的组织分析框架——麦肯锡的7S理论中，不仅有战略、组织体系、共同价值观、意识形态、组织技能，也列举出了工作人员这个要素。除此之外，斯坦福大学贸易专业的教授约翰·罗伯茨提倡PARC框架，将人、体系结构（包括组织结构和人事体系）、常规惯例（职员以及管理者的稳定行为）、文化（组织文化）视为要素。本书所提及的框架终归只是一个看法，请您务必意识到每个人的重要性。

首先，初步确认一下组织管理的注意事项。

一、首先要有目的

首先，应该理解的是组织并非只是作为一个组织而存在，而是因拥有中长期的目的或是短期的目标而存在，新事业开发的目的自不用说在于帮助事业取得成功，面向顾客和社会创造出新的价值。有的风险投资企业会将股份公开作为中期的目标。

另一方面，短期目标取决于所处的环境并会发生变化。经营学研究者阿尔佛雷德·钱德勒的名言是"组织就是要遵从战略"。也就是说战略要随着伟大的目标和经营环境的变化而变化。如果无法实现，也很难创造出组织的灵活性、迅捷的组织经营、个人的积极性。影响组织的主要原因有很多，现在从中挑出5个重要因素进行考察。

（一）经营战略

经营战略与组织是否契合是很大的问题。因为实施战略的正是组织的成员，值得注意的是与第3个所讲述的企业规模等其他主要因素不同，并不是说战略和组织的各个要素孰先孰后的问题，而是两者必须相互协调，共同取得进步。

其次，不仅是战略的内容，战略的筹划制定、传播的方法与组织结构、组织文化是否契合也是问题。即使战略很完美，但如果筹划制定的过程与重视"意见一致"的企业文化不相契合，也有可能会给组织文化带来不好的影响，反而会损害竞争力和生产积极性。

与一般事业相比，新事业更加重视将组织团结为一体，所以也会重视"通过战略的提出能否使职员的行为和想法团结为一体"这个方面。新事业中的一个小错误也会变成致命伤，因此结合战略迅速地改变组织的要素也是极其重要的。

战略与组织保持一致并非是容易的事，但是正因为如此，使之快速得以实现才具有巨大的价值。

（二）环境

正如你所看到的那样，经营环境影响着商业模式以及战略，也就是说间接地或直接地影响组织的管理。外部的主要原因有以下几个，这几个因素组合在一起对企业产生复杂的影响。

1. 顾客·市场

市场需求和市场规模的变化很大程度上影响着企业的组织和战略。因计算机已经成为人们生活的必需品，所以客户群体发生了变化，但曾经的苹果公司并未提高服务水平，也未能快速应对，它只是停留在了开发至上主义，所以被竞争对手超越了。

2. 与其他公司竞争

竞争对手的动向会迫使公司改变经营战略，甚至是进行组织的重组。其次，为了保持竞争力，是录用和培养与竞争对手同等数量的员工，还是超过竞争对手数量的员工也是一个重要因素。

3. 劳动市场

随着人才的不断流动，日本的劳动惯例也发生了剧烈的变化。若从新事业创造的观点来看，可以说是巨大的机会，特别是近几年擅长组织管理的专业经理呈现出流动化的趋势，并逐渐成为事业重生以及风险投资经营的一把手。风险投资以外，正如众所周知的那样，创立NTT docomo 的"i 模式"的核心人物松永真理和夏野刚，他们是从其他企业网罗的优秀人员。

经济软实力迅速推进的现代，在劳动市场拥有核心竞争力正逐渐成为成功的关键因素。正是因为取得了胜利，利库路特和高中生线上教育（特别是积极录用女性的人事制度）才达到现在的地位。

4. 社会的潮流

社会伦理观与准则经常发生变化，人们对企业的看法也随之而改变。很久以前默许的事情已经不被允许（无偿加班以及强制要求女性结婚了就得辞职），从长远来看，为了成为受社会大众尊敬的公司，应该要重视企业社会责任。

5.其他

与技术变化的速度相对应，应当灵活地管理组织和个人。其次，也有必要注意法律规定的动向对企业的直接影响，特别近年来规定企业行为的法规非常严格。

（三）企业规模（企业的发展阶段）

如果从企业的发展阶段来观察组织，可以发现存在与组织规模相对应的固定模式。并非所有的组织都走同样的路线，但新事业的领导者若想顺利地将组织发展壮大，就必须要思考规模和组织之间的关系。接下来介绍一下经营学者拉里·格雷纳提出的非常富有启发的模式（参照图表3-1）。

组织规模还小时，领导者致力于新产品的上市，而不在意公司的内部管理。但是一旦组织规模扩大，无创业经历的职员数量增加，就需要各种各样的组织管理机制（参照第5章）。这时就需要既理解领导者的意图，又擅长内部管理的指挥官。

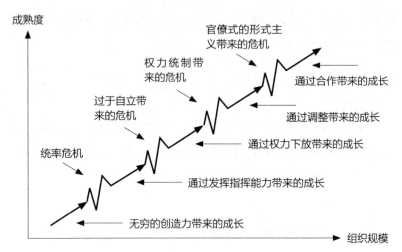

图表 3-1 规模和组织的关系：格雷纳模式

成熟度

官僚式的形式主义带来的危机

权力统制带来的危机

通过合作带来的成长

过于自立带来的危机

通过调整带来的成长

通过权力下放带来的成长

统率危机

通过发挥指挥能力带来的成长

无穷的创造力带来的成长

组织规模

　　在下一个阶段，随着企业规模的发展，就会产生组织职能分工和等级制度。虽然职员的专业性和知识储备量提高了，但意见表决依然是由上层指挥官决定的。这个阶段需要员工有更大的自主决定权。

　　虽然通过权力下放可以提高士气进而使企业取得发展，但是由于产生了派系主义，所以会引发新的问题即组织管理难度的增大。虽然通过各部门的调整可以暂时渡过难关，但是进一步发展就会使部门与职员之间产生不信任，规则和体系过分强大会使得组织出现僵硬化，若变成这样就不容易解决了。

（四）自我组织化能力的水平

如前所述，结合战略、环境、发展阶段来管理组织是很重要的。但组织不应该是人为设计完成的，正如生命体一样，组织应该具有"自我组织化能力"，即通过与环境的相互作用，组织自身发生进化以及变革。

为了提高自我组织化能力，什么是必要的呢？适当的灵活性和具有挑战性的想象力创造是有必要的。创造出适当的灵活性，并使之发挥作用，就有必要营造信息和人才可以自由出入的环境，提高个人的知识创造力，设立使之可以共享的机构，并且引进新的价值观和理念。一般来说新事业自开始后会保持一段时间的灵活性，但组织开始渐渐僵硬化，呈现出自我组织化能力低下的趋势。通用电气公司很重视这样的灵活性，并注重使组织保持活力。同时也从反面印证了该公司的战略是生机勃勃，具有灵活性的。

领导者必须要努力构建可以创造出新知识的机构，果断地进行人事调整，打造奖励挑战的企业文化，推进信息共享，保持和提高自我组织化能力。只有实现这些，才能削减为应对变化而必不可少的经营资源与能源、费用等。

自我组织化能力容易受到初期设定的影响。初期机械性的约束是针对成员的要求，但也是鼓励成员去探索组织的一种方式。虽然是强硬的规定，但也包含着灵活的要素，也可以说是一定程度上决定了以后的发展。

例如，以下这样的初期设定就深刻地影响着组织的发展。在设计初期的组织时，不仅要致力于"完美地完成任务"的目标实现，也要意识到对组织发展的影响。

- 初期成员的特点。
- 意见表决和书面请示的步骤。
- 会议的设定和运营方法。
- 业务汇报的规则。
- 邮件的使用方法（抄送的使用方法等）。
- 开支明细的严密性等。

（五）创业者的价值观

与经营战略相联系，特别是在风险投资企业，创业者的想法和价值观会深刻地影响着组织特别是企业文化。

例如，在案例中介绍的利库路特的企业文化和支撑它的诸多战略措施，现在仍强烈地反映着江副浩正董事长的价值观。与第5章详细论述的稻盛和夫对京瓷的影响，或是比尔·盖茨对微软的影响是一样的。除此之外还有本田宗一郎、松下幸之助等等，不胜枚举。

与此相反，也可以说这些创业者强大的想法和价值观也成为组织的设计和运营时的一个限制。例如，在日本和美国的金融界，创业者的贪婪强烈地反映在组织中，致使组织中长期的市场评价低下，最后消失的例子也有不少。所以应该意识到创业者强大的想法和价值观也是一把极其锋利的双刃剑。

如上所述，本章阐述了关于事业创造，在考虑组织培养时所需的3个重要关键词以及影响组织管理的5个主要因素。

在理解这些内容的基础上，接下来详细阐述为了构建符合新事业开发的组织所需的组织结构、人事体系、组织文化、领导能力（参照图表序-6）。这些对于从零开始构建组织的风险投资企业来说也是巨大的课题。下面来看一下对公司内部企业家来说非常重要的团队管理。

以这些要素为前提的经营理念会在第5章再进行解说。

过程构想的组织结构

组织结构（也成为组织形式）并不仅仅是像常常被误解的那样在电脑界面画一条线或是一个方盒子。组织结构是组织分工和协调的基本框架，是成员的职务范围，是决策权和责任的范围。此外，它还规定了管理跨度（一个管理者管理多少个下属），这对沟通方式也有很大的影响。

常用的形式包括职能组织、业务部门组织、矩阵组织和公司制等。

在企业创造的早期阶段，主要采用职能组织，但并不是所有公司都会随着发展从职能组织变化为业务部门组织，再变为企业制的。我们有必要根据事业的特性灵活地考虑这个问题。

此外，人力资源有限的风险投资公司和新业务组织若要提高发展速度，就需要谋求"人力资源杠杆效应"。对于公司内部不需要的职能，要考虑使用外包（这不仅适用于人力资源，而且适用于所有管理资源）。

例如，当本公司的生产对于事业的成功毫无意义时，可以选择外包生产，当开发功能占比较大时，可以选择将销售委托给代理商等等。

思考着以上这些内容的同时，让我们一起来看看在典型的新事业中组织结构创造的方法以及发展吧。

一、从工作流程思考组织形态

（一）从引进至成长初期的组织形态

新事业的组织多由1名领导和几名管理人员（也可能没有）以及几名职员组成。

虽然初期阶段很多情况下采用功能分组，但严谨地说，应是先看准工作流程，再采用功能分组之前的原始分工机制的情况比较多。其次，大多数的案例中因为成员只有几名，所以兼职也是很常见的。

例如，领导者既起着团结全体成员的作用又是企业的负责人。某个副领队既是研发整体的负责人，又是物流的负责人。另一位副领队既与领导一同负责开展业务，又是负责管理公司全体的法人。

这个阶段重要的是，不开展不必要的业务、提升附加值、将资源集中在关键机能和业务上。随着业务量的扩大，专业性也有所提升，工作人员数量也在增加，就更加接近一般的功能分组。

在初期阶段对领导者的要求有很多。战略的筹划与制定、与企业的利害相关方建立良好的关系、建立可以使事业持续运转的机构、提高员工的积极性，以及团结全体员工……没有强大的气魄是无法胜任的。其次，领导者自主发展业务，构建可以持续畅销的机构和机制的情况也有很多。

（二）成长期的组织形态

与成长阶段相适应的组织形态的进步指的是什么呢？当然这个并没有正确的解释。一般来说是与组织的存在时间以及规模相对应，由原始的分工体制向等级制度体制发展，功能分组向企业机构分工变化，但最终只能说是趋势而不是答案。

组织形态产生差异是因为地域展开的幅度以及事业所需部门的不同。例如，重视在自由氛围下进行开发的软件公司，其组织形态是近乎单一且具有灵活性的，有时在每个项目都配备负责的工作人员。

另一方面，在重视系统经营与生产的行业，以前的等级制度体系可能会更有效。

无论是哪一种组织形态，都必须尽可能地保持组织的单一性。这可以达到将组织垂直部门的审批缩短、意见表决更加迅速、改善交流、防止官僚主义的僵硬化等目的。例如，第4章介绍的工作应用程序，即使是几百人的规模也不设置中间管理职务，而是采用极其单一的组织结构。

组织单一化的缺点是每个总经理的管理范围将会扩大，需要意识到的是要想打破僵局，有必要在促进总经理成长的方面下功夫（例如信息技术的活用）。

二、信息技术的活用

与第5章讲述的管理体系相关联，在思考组织形态的技术上成为重要话题的是信息技术的进步。因为组织结构对交流的存在方式以及意见表决产生影响。

信息技术并非只是方便交流、削减用纸量的工具。信息技术还有可能改变信息流通与保存的结构，甚至工作流程的存在方式乃至组织的存在方式也会发生变化。例如，SOHO 的同事之间或者是企业与 SOHO 之间存在沟通网络。他们通过课题计划自由组队，在虚拟的网络世界进行组织运营并创造出价值。

进行新事业的组织想要发挥"小组织"的特点和灵活运用信息技术，或者想发挥最小资源的最大效果时，应当致力于改善工作流程、定型工作方式、提高工作效率、缩小组织的规模。工作的定型化和信息的共享化所期待的效果有以下3点。

（一）更容易扩大规模

将工作定型化、简单化，并配备齐全的指南手册，那么谁都可以立即执行工作，所以扩大规模也变得较为容易。从工作流程中排除非他不可及含糊不清等要素，致力于消灭"只有他（她）会"，这一点很重要。

特别是对于需要建立庞大数据库的公司，以及计划开展连锁店的公司，这是非常重要的因素。正如在第1章叙述的那样，文化便利俱乐部在创业第2年破格将1亿日元投资在计算机上，企图一举垄断经销权，在与日贩销售合作的契机中获得了发展。

（二）更容易提高速度

各个部门的信息共享会提高工作的速度。例如，与核心工作流程相关联的各个部门之间的信息共享，可以使工作由"依次完成型"向"同时处理型"发展。这使得工作速度得到大幅度提升。

（三）利于实现组织的单一化

如前所述，组织的单一化具有将意见表决交给第一线的人来决定从而提升速度、培养当事人意识、提高积极性的目的。有利于这个目的得以实现的是信息技术。很好地利用信息技术，加速信息共享，从而进行意见表决。

实际情况是，即使引进了信息技术，很多情况下运营还是一成不变缺乏速度。最大的原因在于中间管理层还没有改变意识，仍然拘泥于原来固有的、僵硬的交流，没有做到适当地分配时间，最终被信息的洪流所侵蚀。实际上，充分利用信息技术，实现速度化对企业来说是一个巨大的机会。

专栏：新事业可以与主体分离而发展吗？

正如哈佛商学院教授克莱顿·克里斯坦森所说，在大公司开展新业务时，与现有业务组织分离更容易获得成功。当然，这种做法并不适用于所有的案例，但特别适用于那些能够与现有企业进行相互沟通的企业，以及那些在传统组织文化中可能被视为异端的企业。

在日本企业的著名案例中，索尼的 PlayStation 业务是众所周知的。该事业的创始人久多良木健据说想法常被排斥，在团队中有强烈的独立色彩，他接受了索尼音乐娱乐50%的出资，以几乎脱离本体的形式创立了索尼 SCE 娱乐（Sony Computer Entertainment）。

并且在短短几年之后，他就退出了 PlayStation，在游戏行业建立了稳固的地位。

促进人才活用的人事体系

人事体系是人员部署、录用、选拔、评价、能力开发的机构。设计人事体系的重点在于如何提高人员的积极性，如何才能将工作人员培养成人才。特别是创造新事业的过程中，必须在全体工作人员的协助下将业务从零开始发展起来，所以每个人都要拥有强烈的动机。如果进展顺利，工作人员的积极性会传达给顾客，顾客得到满足，从而达到回报企业的附加效果。

这样的机构必须以公平、公开为前提。其次，并不是让每个个体都发挥作用，而是使团队具有整合性后，再互补地发挥作用。

接下来我先解释一下人事管理的根本——动机与诱因，然后说明一下辅助体系，即人员的部署、录用、评价、奖励与能力开发。其次，就评价全体人事体系的视点进行论述。

一、动机和诱因

若用一句话概括动机，指的就是"干劲"。本书中也反复论述过，新事业的成功与否取决于是否能最大限度地激发出工作人员的积极性，这样说也不为过。

诱因是指激发动机产生的因素，可以翻译为"诱导"。诱因包含多种因素，比较典型的是金钱奖励、社会评价、提供自我实现的平台、建立良好的人际关系。至于要重视哪一个，因个人情况不同而不同。

对于新事业来说，将社会评价和提供自我实现的平台作为诱因是比较有效的。其次，领导者展现的美好愿景和使命也能成为强大的诱因。

二、部署

建立认识体系的第1步是制定人事部署计划。必须要明确需要什么样的技术人才，需要多少，然后决定将他分配到什么工作岗位。

特别是在初期阶段为了占据竞争上的优势地位，确保人才战略的实施是极其重要的。其次，有必要定期确认事业发展是否与预想速度保持一致，重新审视人才不足的情况，防止其成为事业发展的瓶颈。制订计划的过程中，如果及时意识到人才不足，就有必要采取录用工作人员或是外包的措施（参照组织形态）。

部署与稍后叙述的能力开发相关。理想的状态是：每个人自发主动地承担各项开发工作。但全体成员会感到难于保持这种状态，所以作为管理者必须有这个意识。尤其当员工人数不足的时候，细微处的管理不当都会对整体生产产生巨大的影响，所以应该与员工充分地交流，同时让最好的部署保持最好的状态。

三、录用

明晰人事部署计划中人才不足的情况，公司内部的补充以及外包都弥补不了的情况下，就有必要录用人才了。重视速度的新事业，若想及时补充现有战斗力，应积极讨论在中途录用人才的情况。

值得注意的是，企业到达一定规模（大概是几百人规模）时，领导者有必要亲自坐镇指挥录用工作的进行。虽然录用符合工作内容的职员很重要，但是为了组建一个有向心力的组织，是否拥有共同的价值观和理想也是极其重要的。特别是在风险投资企业，为了保持良好的组织文化，执着于后者的情况较多。能否录用取决于领导者建构的美好愿景以及他（她）的性格特点。

顺便提一下，利库路特的创业家江副先生甚至没有参加过重要的商业谈判，他经常出席的是刚毕业大学生的求职面试。

四、评价

评价往往只用于人才的选拔以及报酬的评定。但是倒不如将目光转移到提高组织的效率以及活跃度这些方面上来。想要达成工作人员的优质部署、人才培养的目的，就有必要建立这样的评价系统。

评价的要点之一是应当有开放的反馈机制。只有当评价者给本人以反馈，这个人才能更好地发挥优点，补足缺点。

还有一点，确保评价的公正性也很重要。为了实现这一点，有必要事先决定并公开评价方法。尤其是新事业，需要员工团结、团队坚若磐石，如果因为评价流程不公平而导致组织内部秩序的紊乱，那是极其愚蠢的。

五、奖励

关于奖励，我们要在考虑到奖励标准、工资、公司福利待遇、奖励体系的基础上进行讨论。

风险投资企业的零基础发展虽然是优点，但在初期会有工资标准低的倾向。因此，在这里有必要重点提出工作的价值与同伴意识，有必要讨论引进股份自由买卖等一系列与"理想"相关的制度。

事实上，许多风险投资企业将引进股份自由买卖制度作为强大的奖励。但是股份自由买卖也有双刃剑的一面。仅仅是因为细微的入职时间点的差异就导致所持股份数发生改变，从而产生了不公平。最后会有这样的风险，那就是员工在股份公开发售获取利益后立刻辞职。因此在制定制度时不可忽视这一点。

其次，在风险投资企业，由于个人所发挥的作用是具有流动性的，所以根据每个人的表现给出明确的奖励是一件难事。因此，并非是给到个人，而是"如果销售额达到多少亿日元就奖励全体去夏威夷旅行"，像这样的以全体职员为对象的奖励形式有很多。

另一方面，公司内部新事业的烦恼在于很难设立独自的奖励制度。虽然挑战了难度比较大的工作，但在待遇方面不一定会得到回报，这是日本企业一贯的特点。也就是说可以做梦，但是回报不一定很大。在这种情况下，公司内部不会连续产生新事业。虽然在与主体保持统一方面存在难题，但有必要实施可以驱动工作人员投入到新事业创造的制度。

但是，也存在像大型贸易公司米思米那样，针对敢于挑战新事业并取得成功的人才，公司给予他们丰厚的奖励，引进这种制度的企业也有很多。这是根据当时的总经理田口弘的提案设立的奖励制度，出发点是希望事业取得成功的员工可以盖房成家（近年来，与制度实施时期相比好像有所缓和）。

六、能力开发

新事业成功与否的一个关键点在于如何培养出一支优秀的组织或团队。优秀的组织指的是最终能提高每个组织成员的能力、调动每个组织成员的积极性。关于积极性在讲述动机与诱因时已经说明过了，能力开发的重要性并不亚于积极性的调动。

能力开发的方法广泛存在于部署转换等人事的调整、教育、进修、工作咨询与辅导中，应当结合企业的发展阶段，从中选取适合的方法。

风险投资企业在创业初期就设立正式的进修制度是很困难的。因此，一般是以通过工作来学习的这种方式为中心，抱有"才能创造人"的意识，多少给予员工一些有弹性的工作（公司内部的新事业也是一样的）。如果只是一味地将工作重担压在员工身上，这就相当于企业放弃了培养员工的责任。希望各个企业注重开发员工能力，并帮助他们妥善地解决问题。

七、对人事体系整体的评价

介绍几个哈佛大学贸易专业教授的与人事体系评价相关的有用观点吧。希望您能酌情提出疑问，建立良好的制度。

- 人事体系有利于提高员工对工作以及组织的责任吗？
- 人事体系有利于确保人才的录用吗？
- 人事体系可以提高员工能力开发的效果吗？
- 人事体系能够避免管理层和员工之间、各员工小组之间产生矛盾，使之保持统一吗？
- 能够避免员工心中产生矛盾、不信任和压力吗？

八、成功企业对人事体系的态度

下面介绍几个成功企业对人事体系的态度问题。希望能对您管理新组织有一定的参考作用。

（一）鼓励人们挑战

在不擅长新事业管理的大企业身上我们经常看到：其人事制度的特点是在调动个人积极性方面有所欠缺。比较典型的是将扣分机制作为人事考核的公司。在还不怎么成功的新事业中如果过分地实行扣分机制，安定性增加的同时也容易陷入保守主义，更有可能挫败员工在新事业中的进取精神。

与之相反，在利库路特、米思米等因新事业开发以及新商品开发而闻名的企业中，将会发生一定程度的失败作为前提，采取由人事制度来支撑挑战的态度。例如众所周知的米思米的15%规定（工作时间的15%可以做自己喜欢的研究）以及内部表彰制度。但是实行加分机制虽然可以鼓励员工勇于挑战，过度实行也会产生危险。

（二）参与员工的工作流程

据说在成功企业中，当人事体系产生问题时，向全体职员开放意见表决的例子有很多。也就是说，即使不能使结果完全达到公正，但可以使过程达到公正，以此来保持工作人员的士气。

这对于庞大的组织来说可能是比较难的方法，但对于小型的新事业来说还是值得进行充分讨论的。

（三）对认可度的执着

无论是怎样的人事制度，也不可能完全满足全体职员的要求。因此需要意识到每个人的认可度（某种意义上接近公正）。认可度并非是制度本身，而是通过运用以及员工参与到工作流程中得以实现。

例如，某游戏软件厂商实行将工作时间和工作环境全权委托给个人的超弹性制度，并且引进以项目设计成功与否为基础的结果主义。虽然是非常激进的人事制度，但是这是在得到每位员工认可的基础上形成的制度。

在评价时，到底是采取重视结果还是重视过程的态度呢？可能这个提问永远无解吧。最后的决定要看认同人数的多少。并且在获取认可时比较重要的是：要建立可以日常交流以及得到反馈的机构。只有具备这些才能得到每个人的认可，带动每个人行动起来。

组织文化的培养

一、组织文化是什么

通俗地说，组织文化是指组织成员共同拥有的对事物的看法、价值观以及标准，表现在大家所公认的对惩善扬恶的看法。例如，在某个组织，即使没有公司制度的约束，开会时也没有一个人会迟到。这是为什么呢？可能是因为那个公司一直贯彻着"守时为善""时间就是金钱"的精神吧。

创业者的价值观会形成组织文化（特别是风险投资企业），组织所积淀的成功与失败的经验反映着组织的历史。

组织文化会影响成员的精神层面，给每个人的动机以及交流的状态指明一定的方向，促进抑或是阻碍，从而衍生出行动的标准。

换言之，组织文化会影响成员的责任感、组织的能力以及团队合作。因此，留存可以提高组织产量的组织文化，相反地，剔除阻碍产量提高的组织文化是很重要的。强大且优质的组织文化是组织持续成长的引擎。在《理想的企业》一书中，吉姆·科林兹称这种文化为"类似巫术的文化"。

为了培养出令人满意的组织文化，领导者自身有必要从初期阶段就参与到工作流程中。当不好的组织文化萌芽时，要随时与之进行斗争。因为组织文化本身无法强行改变，即使有外部力量有意使之发生改变，它也会随着时间的推移而慢慢最终形成（特别是不好的企业文化很容易蔓延）。

组织文化若深深扎根就容易变得僵硬化。经历相似的人聚集在一起会使组织文化得到强化，结果造成越来越多相似的人聚集过来，然后由于双方的相互作用，僵硬的文化便会蔓延开来。从"组织的灵活性"的观点来看这是不太理想的情况。

防止这种情况发生的方法之一是有意识地录用具有不同特质的人才，并从早期阶段就开始灌输重视个性与不同的企业文化。即使特质不同，但是有必要持有与新事业相同的愿景和价值观。如果做不到与其他成员的有效交流，团队整体是无法运转的。

二、理想的组织文化

那究竟什么样的组织文化可以提高组织的产量，并与高业绩挂钩呢？尽管这是一个棘手的问题，但哈佛大学的科特与赫斯奎特教授列举出了以下几个理想的组织文化。

- 对企业的利害相关方展现出浓厚的兴趣。
- 重视可以促进变革的领导能力的发挥。
- 制定与外部环境相一致的战略并积极致力于其实践。
- 聘用拥有共同价值观的人才，并对其进行能力开发。

另外，从重视个人与团队的行动这一观点列举出了以下几个要点。关键词是行动、个体的确立、对组织的贡献、责任。这几点对新事业具有很大的意义。

- 对结果有执念。
- 排斥无理、无益。
- 批判地学习过去，并重新创造。

- 持有自己的意见。

- 积极、主动地行动。

- 并不只是个人，而是意识到团队的存在，和团队一起学习。

- 对自己的目标、贡献、行为有强烈的责任感。

- 每个人都会采取负责任的决策者式的行动。

这其中有几点是麻省理工的教授彼得·圣吉在他的"学习组织"理论中所提倡的。"学习组织"指的是提升人们的能力，并且达到理想结果的组织，还指的是产生创新思维模式，不断地共同学习方法的组织。

在现今如此复杂的时代，仅仅只是等待领导者下达指示的话会落后于时代潮流。因此每位成员都需要有上进心地学习并得到指导、独立思考。

领导者的工作之一是引领巨大的改革，细致地组织安排每个成员的工作责任。指引着职员不断地意识到这些事情也是领导者艰巨的工作。为了达到这个目的，领导者必须要采取行动：①深入参与到工作过程中，用通俗易懂的语言反复宣传组织文化；②通过象征（将组织文化以一种易被接受的形式进行宣传，例如仪式、象征性的动作、传说）进行价值观的渗透。

这样的组织文化如果深深扎根，就会提高组织的效率，也会提高每个成员的积极性。重要的是若想培养出良好的组织文化，领导者自身从一开始就应该参与到工作过程中。

然后介绍一下绝对不能引进的组织文化吧。

• 管理者沉溺于过去的成功，有失谦虚。
• 在被质疑的情况下依然不知悔改，无视企业利害相关方的提议。
• 对改革有敌意。

领导者的作用

在思考新事业的组织时，第4个要素是领导能力。如果没有领导能力，就不会产生良好的企业文化，人事制度的运转也会成为空壳，从而导致员工迷失行为准则与方向性。

来看一下在新事业的组织运营中领导者应该发挥的作用吧。

一、组织文化的培养与保持

在这里赘述一下领导者的作用，其中之一是培养出良好的企业文化。一般来说，对组织文化形成产生最大影响的是创立组织的人。领导者有志向，并且想实现它，所以创立了组织。这种强烈的想法必然是与其他组织成员所共有的。特别是在初期阶段，少数的人为达到某个目的将大量的时间用在努力工作上，在这个过程中，以领导者为中心，员工就形成了对特定事物的看法及思考方式，这是成员的共通之处。

与此同时，新成员通过领导者的言行举止接受着组织文化的洗礼。特别是领导者官方的演讲，不仅包含着其看法与思想，也无意识地体现了组织的传统与价值观。

领导者还是成员的行为模范。成员应该如何处理事物？如何与外部进行交际？甚至是如何措辞和着装？如果迷失了判断，努力做到与最高领导阶层保持一致也是办法之一。像这样领导者的举手投足对于组织来说都是重要信息。

虽说如此，尤其是在风险投资企业的案例中，正如在第5章中叙述的经营体系的组织化、机构化的结果是，企业文化会经常发生改变。如果是向健全的方向发展还好，但却经常会发生破坏独特的企业文化的情况（例如，在约翰·斯卡利成为首席执行官时期的苹果电脑）。

因此，作为领导者要准确地选择适合自身企业的文化，并将它贯彻到底，贯彻到各个方面，同时推进经营体系的建设。

二、减少伴随变化产生的摩擦

组织必须顺应时代和社会的变化而发生改变。问题在于如何规避当时产生的摩擦。解决这个问题也是领导能力的要素。为了有效地应对变化，领导者至少要提前掌握以下的要点。

• 站在组织的立场分析现状、问题点、产生的原因。

• 预想伴随组织形态发生变更所产生的反应。弄清楚谁会反对，谁的力量是不可或缺的。特别是要意识到对风险投资企业所产生的影响。

• 基于这些分析，制定变更组织的战略（其中包含变化的速度，以及多少人参与到意见表决中等等）。

• 认真地投入到实施过程中。

好好地掌握这些要点，即使不能完全规避伴随变化所产生的摩擦，但也可以将它限制在最低限度内。

正如从上述要点所看到的那样，保持组织的积极性是很重要的因素，应当尽量避免会抹杀职员积极性的组织变更。

新事业的组织受到各种各样环境变化的影响。可以说变化愈加日常化，对变化产生的抵抗也就愈少。因为组织的运作总是伴随着变化，这个意识已经渗透到了公司内部。

三、使组织充满活力并投入热情

美国通用电气公司强烈要求领导者要带给团队强大的能量，这是作为领导者的必备条件之一，即提高组织的积极性（也可以称为强大的内发性动机）。如果员工没有积极性，对事物的看法就会只停留在表面，也无法集中注意力，无法投入到工作中。

来看一下通过保持积极性而获得的效果吧。

第1个效果是，积极性可以提高人们的注意力和活力，与好奇心、能力开发、创造性相联系。正是因为有了积极性，人们才会贪婪地吸收知识获取信息，然后创造出旁人无法想到的新构思。

第2个效果是，积极性可以推动人们的行动。不用说，仅仅坐在书桌前思考，事业是不会收获成果的。更多的时候需要我们走到街上观察顾客的动向，在与各种各样的人进行议论的过程中，萌生出对商品的构思。有人会认为这种做法很麻烦不易实行，所以如果没有强烈的动机是无法实施的。

第3个效果是，只有主动积极的人才会吸引企业的利益相关方。他们带来的信息与新视点也会成为推动事业发展的巨大力量。

积极性（内发性动机）最终是可以提升自身能力的。所以作为企业和领导者必须要支持员工找到自己真正想做的事情，并让他们推动达成自己的目标。

四、根据组织发展采取的行动

新的企业领导者需要改变自己，或者聘用具有相应领导能力的人才，以适应企业或组织的发展。

接下来我们来叙述一下关于领导力的理想发展过程。

在事业的初创期，领导者必须精通所有的工作，对外界提出的所有意见要做出判断决策，还要处理好大部分的企业业务。如果做不到，事业就无法进入下一个发展阶段。

当企业发展到一定程度，就要求领导者要具备管理能力和交流沟通能力。令许多领导者感到困惑的是领导能力的变化。松下集团的创业者松下幸之助和本田科研工业的创业者本田宗一郎就是因为努力发挥了与企业成长阶段相符的领导能力，从而使企业获得发展的企业经营者。但是，也有许多领导者无法很好地应对这种变化。所以我们说，企业成长期的关键时刻在于能否持续地发挥出领导能力。

与此同时，这个阶段也要求领导者具备招收优秀的人才，并使其产生工作动力的领导能力。其次，在确立企业的价值观、理念与理想的同时，要求领导者要花时间加强与企业利益相关方的关系。

总之，伴随着企业发展，领导者有必要带动企业由工作导向型领导能力向重视组织培养以及交流沟通的人文组织导向型领导能力变化发展。领导者必须从自身做起，努力提升自身的领导能力。

埃里克·弗拉姆霍尔茨和伊冯娜·兰德尔在其著作《企业家管理手册》中，提出了金字塔组织发展理论的概念，并指出了组织发展理论的执行步骤。这给我们在讨论领导者的成长问题时提出了有效的建议。

图表 3-2 金字塔组织发展理论

企业文化管理

管理体系的开发

操作体系的开发

资源的获得

产品、服务的开发

特定的市场及其定义

事业基础：事业及其事业观念的定义

出处：埃里克·弗拉姆霍尔茨，伊冯娜·兰德尔《企业家管理手册》。

五、领导能力可以改变吗

要提高领导能力，必要时使之发生改变，需要注意些什么呢？

领导力研究界非常有名的约翰·科特做出了如下说明。首先，要正确认识自身，从事最适合自己的工作。因此有必要充分考虑到自己的兴趣、性格、技能、能力，同时还要从事合理、有趣、能使自己感受到价值的工作。你可能认为比较了解自己，但实际上认识自我并不是一件容易的事。所以必须要找到可以正确地深入地了解自己、发现自我、可以使自己开心地全身心投入进去的工作。

其次，将工作理解为"群众关系"，找到可以一起合作的伙伴，并深入地了解他们。思考自己可以给予这些合作者什么，以及怎样发挥领导能力才能使这些合作者不产生抵抗情绪并乐于合作，也就是说要深入地了解别人。能充分地了解自己的人，也会很容易了解别人。

总之，我们需要掌握一种既不善良也不冷漠的人际关系的度，需要认识到工作的相互依存性，正确把握与工作有关的人员的特点，以及判别可能会抵制合作的人，并采取适当的领导行动。

补充：团队管理

首先从与组织构成要素不同的观点来讲解一下团队管理的要点。为了创建一个优秀的团队，无论是对于风险投资企业还是公司内部的新事业，这都是一个巨大的课题。

其次，之前叙述的组织的4个构成要素中，组织结构、人事体系、组织文化属于MBA科目"人力资源管理"中的内容，而领导能力和团队管理属于"组织行为学"领域。

一、理想的团队

首先，从理想的团队开始。

优秀团队的特征之一就是具有努力工作以产生成果的意识。但是，如果仅以这种任务为向导，则可能会阻碍团队的人际关系，成为利益至上的团队。

另一方面，如果只是维护良好的人际关系而忽视任务，那就会发展成为类似于同好会的团队。

理想的团队指的是可以同时提高任务意识和人际关系，最终取得成果，并使得团队获得成长与进步的团队。希望领导者们先要了解这一点。

二、团队管理的"7个M"

在推进团队管理的过程中，有名为团队管理的"7个M"（图表3-3）。这是作为领导者应该理解的东西。

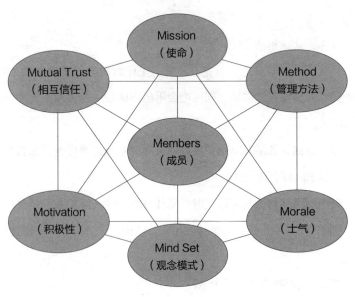

图表 3-3 团队管理的"7 个 M"

（一）使命

首先，需要明确团队的任务，培养使命感。第1章所叙述的理想有利于提高使命感，完成使命的前提是各个成员要共同拥有使命感。

并且它的核心是交流沟通。领导者在团队会议等全体成员进行交流的场合，保持与成员一对一交流的同时，也要提高交流的质量。

英特尔的原首席执行官安迪·葛洛夫非常重视这样"一对一的交流"。他断言说一对一交流的目的在于相互教育与信息的交换。这种一对一的交流并不是领导者单方面的演说，而是重视是否传达给听者。通过一对一的交流，可以确认成员对使命感的理解度。

（二）成员

正如在组织结构中所述，初期的组织是希望成员可以在技能互补的同时完成多重任务。但是，在现实的工作场合，很多情况下团队并没有像预期那样运作起来。

理由之一是没有正确认识到每个成员的能力，抑或是很难认清所以使得任务分工变得含糊不清。并且，每个成员对自己任务的投入意识不深，所以最后容易导致团队的成效无法提升。

为了防止这个矛盾发生，应该先要对成员的能力进行核查（不仅仅是专业知识和部门的经验，也要确认发现问题、分析问题以及制定战略等能力），然后在此基础之上再进行任务分工。

诚然，每个成员的个性及风格是不同的。将这种差异作为杠杆来发扬团队的优点，这种意识是很重要的。这时团队的观念模式就成了关键。

（三）观念模式

团队的观念模式指的是团队成员所拥有的价值观、信念、标准规范等心理状态。这是形成团队特性的根源，也可以说是前面所说的缩小版的企业文化。

观念模式的重要性在于，通常会产生不被察觉的自我臆想以及思维定式。例如，在团队中，如果有"工作就是上级分配的"这种思维定式的话，成员就会缺乏积极性、主动性，也很难提高团队的干劲和产量。与之相反，如果将这种思维模式改变为"为了完成使命，应该自主地去思考并完成工作"，团队就会发生巨大的变化。

要想改变思维模式，应该先确认现在的思维模式，然后再传达给团队成员。所以有必要再次调查清楚团队的历史、日常的工作风格、所提供的商品服务的特性，试着去探索深层次的想法。在确定好现有的思维模式后，就要对每一项内容进行检验，从而设定理想的思维模式。

（四）动机、士气、相互信任

与思维模式密切相关的是动机、士气、相互信任这3个M。

首先是动机，工作的个人动机是多种多样的。在企业管理中，重要的是在回应个人动机的同时，也要使个人动机与团队整体动机相联系。

这与后面的2个M，即士气和相互信任有关。有利用成员的竞争意识来提高积极性的做法，如果过度使用这种做法，短时间内也许可以提高成效，但达不到提高个人及团队的干劲的目的，建立长期稳定的相互信任的关系也就无从谈起了。

团队如果发展成为理想的形式，就能提高积极性、干劲、相互信任以及团队的产量，从而形成一个良性循环。如果团队的产量增加，成员就会产生自信、对团队的自豪感以及高昂的士气。由此相互信任，让成员发现团队合作的价值，从而提高他们的积极性，并且这与产量增加有关（图表3-4）。与之相反，若是某一个方面逐渐减少而不能很好地衔接的话，就会陷入恶性循环。

图表 3-4　团队理想的良性循环

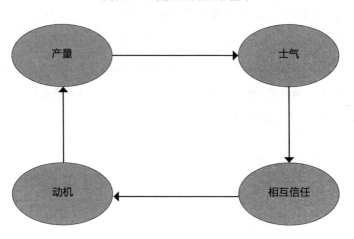

（五）管理方法

这7个M的管理方法虽然多种多样，但大致分为在非工作岗位实行的方法和在工作岗位实行的方法。

要使在非工作岗位实行的方法更有成效，就有必要经常明确与日常工作的关联性，并且跟踪观察如何灵活运用在工作岗位上学到的东西。

在工作岗位的团队管理中，由小组来解决问题以及表决意见的方法成了关键。更重要的是为了收获成效，应该注重建立团队成员的共同合作，并提升团队能力，这被称为团队学习。

要落实团队学习，必须做到以下4点。

第1点，不停留在现象的表面，要对复杂的问题进行深入的思考。

第2点，采取适当的行动。不是说顺利解决，而是为了最终完成任务，互相理解对方的行为，并且要协调整体的行动。

第3点，团队不仅会影响到上级组织，也会影响到其他团队。把握好其他团队与自己团队的状况，来提高整体的成效，并做到互相影响。

第4点，将注意力放在交流上。特别有效的是召开检查会议。例如，以下是某个企业正在使用的检查项目。

- 守时吗？
- 达成目的了吗？
- 发言有失偏颇吗？
- 提出反对意见的人有提供替代方案吗？
- 参加者理解了吗？
- 脱离议论的焦点了吗？
- 有无不经考虑的发言内容？
- 有什么都没说的人吗？
- 每个成员的行为及时有效吗？

三、团队领导者需要做到的行为

率领团队的领导者需要结合成员的状况及团队的发展阶段，有意识地区别采取以下4个行动。希望您能在前面叙述过的领导者的作用的基础上意识到以下内容。

· 教导：明确地展现出自己的责任，请将团队的使命、方向性、理由等重要的信息传达给成员。

· 解决问题：唤醒成员的责任感与参与意识，使成员参与到意见表决和解决问题的过程中，并获取必要的信息。

· 权力下放：将权力下放给成员，使成员自己做出决定。信息主要来源于成员的汇报。

· 指导：支援成员的责任，必要时帮助其解决问题。信息就变成了有利于解决成员问题的提问形式。

将4个团队领导应该采取的行动与团队的发展阶段相对应，整理形成了图表3-5。

图表 3-5 团队的发展阶段

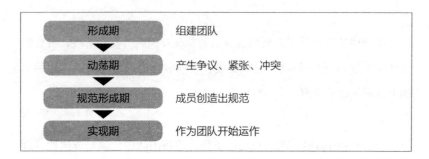

图表 3-6 团队的发展阶段与适当的行动

阶段 \ 作用	教导	解决问题	权力下放	指导
形成期	◎			
动荡期	○	◎		
规范形成期	○	○	◎	
实现期	○	○	○	◎

在团队发展阶段"形成期"的时候，领导者必须把重点放在自身需要发挥的作用上，并且要给予成员明确的指导方针。如果领导者能够提供有效的指导，就可以减少"动荡期"带来的混乱。不过，如果领导人

的领导能力过于强大，就会变成领导人的独裁。

这样，一旦进入角色分工、规范制定的"规范形成期"，领导者就会实行权力下放。"实现期"主要考虑成员的能力、对任务的理解、所需技能的掌握程度及经验等因素，实行权力下放和指导。其中也有需要指导而不是权力下放的成员。

一言以蔽之，领导团队的重要性在于区分教导、解决问题、权力下放和指导，同时根据团队的发展阶段，适当地进行组合。

第

4

章

资金筹措

作为企业家，特别是风险投资的创业家对筹措资金的高敏感度是必不可缺的。必须要在了解债务融资（通过贷款、融资筹措资金）、权益融资（通过出资、投资筹措资金）的特点，以及各种各样资金来源特点的基础上，进行加快企业成长速度的资金筹措。

一、ERP（企业资源计划）产品包装的外部环境

上海万革始应用软件有限公司成立于1996年7月，是一家开发和销售 ERP 软件的公司。

ERP 管理是跨部门和跨组织横向掌握采购、生产、销售、会计、人事等业务流程，是为了在整个业务流程中为了优化和最大化利用经营资源，而进行计划和管理的一种想法。在体现 ERP 的概念时成为主干的、为基础业务设计的新的信息系统被称为 ERP 系统，公司研发了便于其系

统构建的 ERP 软件。

在1996年、SAP（德国）、BAAN（荷兰）、ORACLE、SSA、QAD、JD 爱德沃斯、大众软件（以上是美国的公司）等 ERP 产品包装公司开拓了世界性的市场占有率。但是，日本的"特殊型市场"与欧美各国的法律体系、贸易习惯以及工作方式存在差异，所以不能简单地将这些外资企业的产品移植到日本。

另一方面，日本国内的一些厂商，例如 NTT docomo、住商信息系统、官营八幡制铁所（现在的新日本制铁公司）、日立制作所、富士通等，开始开发与销售"ERP 包装式的产品"。这些很难说是真正的 ERP 包装产品。本来，虽然说是系统集成与专业服务，但是委托开发业务还是以"承包式"为中心的。假如大型企业想要打入软件包装领域，就必然会削减现有事业的重要伙伴即代理商应得的份额。

越是想要提高产品包装的功能，就越会产生那种倾向，最终导致软件开发商很难加入 ERP。

二、市场预测

由于以上原因，使日本对 ERP 包装的引进大大落后于欧美的发达国家。欧美的大型企业几乎都引进了 ERP，在日本即使是职员超过1000名的企业的引进率也很低，仅停留在百分之几。已经引进的企业实际情况是，按照 SAP 以及 ORACLE 等国外包装公司的要求定做产品。

虽然引进 ERP 包装的速度迟缓，但可以说市场发展空间很大。也有调查显示若以年均50%以上的市场增长率以及2000年市场总额达到3000亿日元的增长势头，将来有希望拓展成为2兆日元的巨大市场。

在 ERP 产品包装中，由于人事管理、工资和企业福利待遇等体系带有日本企业强烈的特殊性，因此导致未能及时引进。在这个领域，通过改变从业人员的价值观，以及修正各种各样法律所带来的影响是巨大的。

其中的商机是工作应用程序。如果能够先一步生产出满足日本企业需求的产品包装，就能抢先于苦于日本本土化的外资企业，以及由于人才不足和公司内部的品牌替换问题而无法动弹的国内软件公司，从而建立桥头堡的市场地位。

三、3位经营者

上海万革始应用软件有限公司当时是由牧野正幸（董事长最高经营负责人）、阿部孝司（董事长最高执行负责人）、石川芳郎（董事长最高技术负责人）创立的。创立资本为1000万日元，并且3人共持有200股（票面额为5万日元）的股份。

万革始积极推进产品的开发，并于1996年9月上市了名为 Company 的产品。大量引进符合日本企业要求的人事包装软件，使得"业务满意度"（显示满意业务需求的指标）超过了90%，与使用 SAP 和日本

ORACLE 包装软件的人事部门50%～60% 的业务满意度相比，它的好用程度也就显而易见了。同时，与原来的自定义软件相比，在性价比上实现了压倒性的胜利。

在开发时，万革始执着于彻底的"包装化"。在众多的付出代价大但是必须要满足客户要求的产品中，通过提供真正的包装（不需要增加、修改方案的非自定义产品）来吸引顾客。

公司初期的客户大多是大型上市企业。评价很好，客户群也在慢慢扩大。在最初的几年内，有很多没有盈利的风险投资企业，但是万革始在第一年度（1996年7月～1997年6月）就实现了1亿1600万日元的销售额，1700万日元的经常利润，以及约15%的销售额利润率。

从这些数字可以看出该公司似乎是在顺利地发展着，但是事实上高层领导当时为筹措资金而伤透脑筋。如果增加客户群就有必要加强研究与开发的力度（加快对开发负责人的录用），大多数的人事费用（研究开发费用）就会早于定金被消费。在此之上，因为客户提交定金的时间点不同，所以有交货时全额现金支付的企业，也有在交货后分期付款的企业。

其次，资金的流动也具有季节性的特点。客户所希望的开始时间一般集中在年初。万革始的订货一般是从年末倒数来算，订货集中在10月至次年6月，从6月开始至9月就变得低迷。最终，万革始发展成为一年中夏天增加的现金随着秋天的到来递减的结构。

四、筹措资金的艰辛

1997年，创业刚半年的万革始到秋天就会直面资金枯竭的问题，如果再以这样的进度发展事业的话，是无法再经营下去的。公司上层虽然想出了改变计划、抑制成长速度等对策，但是仅凭这些并解决不了问题，便从外部进行资金筹措。

但是，从银行那里取得贷款这个希望很渺茫，偶尔因为公司经济不景气，银行还会缩减放款。其次，虽说万革始的订货量很可观，但是由于属于资产评估困难的软件业务，没有任何其他担保的话也会使状况变得更为严峻。建立时间比较短的公司如果没有基本的信贷交易，那赊销贷款的方法是绝对不可行的。

如此，公司便想从风险投资企业那里获得权益融资，但形势似乎也很严峻。当时，日本对 ERP 产品包装的普及存在疑问。其次，假使普及开来的话，也会与 SAP 等大型企业为敌，独立的风险投资企业最终取得成功是极其困难的。

当时，某个风险投资企业工作者这样说道："万革始拥有的市场能力也许比我们想象的要强大。但是它是一家成立还未满一年的公司。在这时先不要着急加入，稍微看清形势后再投资也不晚。"

万革始的高层领导打开名片簿，联系询问了100家以上风险投资企业能否提供资金投资，但是没有企业给予回应。对方的理由是：如果提高不了业绩，我们是很难对你进行投资的。

五、最初的资金筹措

在筹措资金时，有家风险投资企业对万革始产生了浓厚的兴趣。这就是顾彼思的资本部门——1号基金"顾彼思培养基金会"。顾彼思培养基金的代表堀义人先生和牧野的会面纯属偶然。

当时，Nifty上有一个专门针对创业问题的论坛（FBINC），在看到堀义人对创业相关问题的投稿时，牧野认为"热衷于谈论风险投资的堀义人肯定能理解我们想做的事"，于是立刻给堀义人发了邮件。这就是万革始通过风险投资进行资金筹措的开始。

1997年的夏天，顾彼思培养基金会决定投资万革始。他们认为该公司虽然市场规模小，但是有巨大的潜在需求，将来事业取得发展的可能性很大。再者，万革始的经营者能力高低是判断是否投资的先决条件。

经过各种各样的讨论，风险投资企业决定投资400股（持股比例为50%）。万革始的高层领导想避免只从一个公司融资，因此最终从顾彼思培养基金会获得300股（2400万日元），从冈三金融获得100股（800万日元）的投资。冈三金融最初有些犹豫，向先决定投资的顾彼思培养基金会征询了意见后，也下定决心对万革始进行投资。

六、权益融资的灵活运用

虽然当时万革始仍然在持续健康发展，但是依然无法满足资金的需求。创业后的几年内，虽然营业利润常常增长，但是除去财务活动，现金的流通量也出现了负增长。

一般来说，缓和资金需求的一个办法是抑制企业的发展。也就是说，减少先行投资性的现金支出，确保运转资本的增加。万革始从相对初期的阶段就注意到了要控制企业的发展速度。

其次，公司对筹措公有资金的可能性进行了讨论。但是，考虑到准备文件等手续的复杂，以及接受投资时被各种规定等不利因素所制约，所以决定不使用这种方式，采取了以权益融资为中心的筹措方式。

1998年6月，万革始发行了若干第三方定向增发以及可转换的公司债券。以已创业成员为对象发行了大量附有股份收买权的公司债券。在美国，一般不使用认股选择权，而是采用附有认股权的形式，是因为当时的法律制度对认股选择权的使用有相当大的制约。

1998年12月和次年1999年1月，万革始也通过第三方定向增发的形式进行了资金的筹措。当时，以1股13万日元的价格发行了1200股（顾彼思培养基金会500股，集富亚洲投资公司700股），筹到了资金1亿5600万日元。考虑到1999年6月公司的预期销售额达到了约5亿日元，可以说是非常巨大的资金筹措了。

公司只对顾彼思培养基金会和集富亚洲投资公司进行了第二次的第三方定向增发债券。结果是，顾彼思培养基金会持有了39.6%的股份，集富亚洲投资公司持有了34.7%的股份（潜在的基准分别是20.3%和17.7%）。其次，加上其他风险投资企业的持有量，那么风险投资企业就持有明显基准股份的79.2%, 潜在基准股份的48.8%。这个比例对于风险投资企业来说已经很大了。

一般来说，风险投资企业股份持有权的增加就意味着风险投资企业对于公司管理的发言权也就增加，这是风险投资企业的高层领导不希望看到的情况。但是，万革始高层领导者认为，让风险投资企业参与到管理中并接受支援，其中的好处是很多的。

七、大幅度增加资本

在1999年6月（创业第三阶段），万革始的销售额达到了4亿8300万日元，经常利润达到了4900万日元。打造品牌、人才培养制度、发展所需要的地基正渐渐形成，此时公司思考如何在不减速的情况下扩大业务内容的重要性。为了达成目的，显然资金的支持仍是必不可少的条件。

恰好在那个时候，由于某个客户业务手续的不完备，就开始出现现金短缺的情况，因此万革始的高管也提高了对资金筹措的问题意识。

万革始在1999年5月发行了附有认股权的公司债券之后，在同年的9月和10月又分别发行了第三方定向增发债券。以一股30万日元的价格发行了2500股，筹措到了7亿5000万日元的巨额资金，这是相当于前面销售额的150%的金额，估算着第二期的营业预期勉强做到了资金的筹措。这时利用股份公开的形式进行了大型的资金筹措。这是为了告别紧张的资金筹措困境。通过这次资本的增加，2500股中接受了1230股的公司是顾彼思投资公司。这个公司是凭借顾彼思与美国的风险投资企业AGP的共同出资而成立的合并公司，相当于顾彼思资金部门的2号基金会。它重新对万革始进行尽职调查（投资时要对对象进行充分的调查和核查），然后决定投资。

通过这次的增加资本，万革始的市价总额超过了20亿日元（图表4-1）。2年前投资后的市价总额为6400万日元，所以增长了30倍。这是进行适当的资金筹措并采取必要措施而达到的结果。

这时，一向采取慎重态度的银行也接受了万革始的贷款申请。2000年9月公司从当时的住友银行贷款2亿日元，从第一劝业银行贷款1亿日元。虽然没有资金上的问题，但这么做是为了提高将来的信用度。

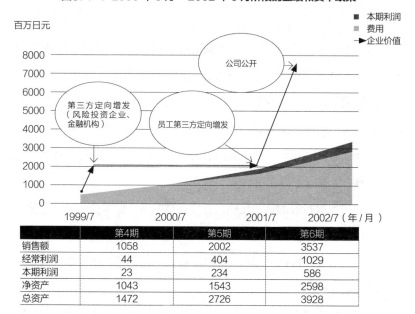

图表 4-1 2000 年 6 月 ~ 2002 年 6 月阶段的业绩和资本政策

	第4期	第5期	第6期
销售额	1058	2002	3537
经常利润	44	404	1029
本期利润	23	234	586
净资产	1043	1543	2598
总资产	1472	2726	3928

注：上图是伴随着业绩的增长，企业价值相应得到增长的状态。关于资本政策的动向，只反映了以第三方定向增发为主的内容。

　　在那之后，公司接受了东京都民银行（2亿日元）和日本债券信用银行（5000万日元）提出的长期融资提议。于是，为了以防万一也从这些银行贷了款。

八、股份公开

从1999年末到2000年初，万革始的高层领导认真地着手准备将股份公开。在准备过程中将主干事证券公司放在哪里成为一个巨大的论点。公司高层领导讨论了大型证券公司、主力证券公司、外资企业的优缺点。证券公司为了获得其主要证券的地位，在万革始也开展了营业活动。彼时，大和证券公司相对积极地进行了提问，因此成了第一位候选人。当时双方负责人进行了以下对话：

"如果风险投资的资本比例只有这么高的话，股份公开时，可能不会有很高的价值。"

"如果看业绩的话，那么无论风险投资的比例是高还是低，我认为都是没问题的……"

"投资家不是那么认为的。如果风险投资的比例增加，就会立即导致供需平衡崩坏以及价格下跌，所以他们会小心谨慎地投资。无论如何，以现在这种状态要说服证券公司推进事业的话可能要付出巨大的努力。"

牧野先生惊讶于这个说法。以这种状态到底能不能公开股份呢？牧野的内心闪过一丝不安。

当时在日本进行股份公开时，风险投资比例超过40%～50%的例子几乎没有，最多也只达到20%的程度（在美国，40%～50%是很普遍的数字）。正如证券公司的负责人所担忧的那样，一般情况是如果风险投资比例过高就没有价值。因为担心在股份公开后，风险投资企业立即将所持股份卖掉而导致股价下跌。所以，风险投资比例较高的情况下，会先公开风险投资企业所持股份的一部分并出售给第三方业务公司，降低风险投资的比例是一般的做法。

在此基础上设定"锁定时间"，为了禁止风险投资企业在股份公开后将所持股份卖出的行为。他们用这个提案说服了大和证券公司 SMBC 的高层领导。当时股份公开之际并没有实行"锁定时间"的先例，它的效果是个未知数，因此大和证券公司并没有充分地采纳这个提议。最终结果是万革始在没有主要证券的情况下进行了股份公开的准备。

九、外资企业证券公司的出现

从2001年年初开始，万革始开始与外资企业证券公司以及摩根大通公司保持联系。在某个契机，与 AGP 一同共事的摩根大通负责人对 AGP 的投资名单中的万革始提起了兴趣。

当时，摩根大通收购日本股票虽然是后起之秀，但凭借在美耐克证券的独家主管和浮标科技（日本首次锁定时间条款附加首次公开募股）进一步飞跃，将精力投入到了该领域的业务上。此外，在美国，该公司精通各种实务。

同年6月，摩根大通向万革始管理层进行了一次积极的演示，想争取获得主管职位。他们作为企业价值计算的类似同业者（在计算股票价值或企业价值时作为参考的企业群体。例如，在计算电子学习企业的股价时，作为类似企业选择教育事业公司和选择电子商务公司，所计算出的股价大不相同），选择了日本 ORACLE、Just system、欧维商务顾问（orbit business advisors）等公司，其结果预测的价值高于大和证券SMBC。

十、股份公开前的准备工作

由于大和证券公司的条件慢慢发生变化，所以万革始决定将该公司作为主要证券公司，将摩根大通作为次要证券公司。大和证券公司在风险投资比例高的前提下，开始积极思考如何才能取得投资家的理解并实现高价值，之后也努力聚集了很多机构投资家。

同年12月，最终决定公开招股的价格是100万日元。虽然万革始的高层领导以及风险投资企业一方认为"应该值200万日元"，所以有些许不满，但是最终服从了大和证券公司"由于风险投资比例较高，所以在200万日元的基础上打5折"的提议。即使如此，与当时提议的价格相比，也有大幅度的增加。其次，锁定时间一般为180天至360天，万革始这次对风险投资企业采取了180天的锁定时间。

十一、新的成功模式

2001年12月，万革始股份公开的日子终于到来了。新发行股数500

股，出售股数（包含现有股东风险投资企业的出售）1500股，共向市场售出了2000股。最初的价格超出了当时高层领导的预期，达到了251万日元。

万革始的股价在那之后持续上升，领导开始考虑逐渐将保守的退休基金也纳入万革始股份的有价证券财产名录中。同年8月万革始再次进行公开招股时，那些机关投资家也购买了相当大的股份，风险投资的持股比例有所下降。

牧野先生回顾当时的情况，这样说道："虽然有资金上的问题，但是很庆幸可以得到大家重要的建议。一公开就要对结果承担责任。在公开前使一些公司以外的职员，比如风险投资的人参与进来，在说明责任的过程中也会成为很好的经验。"

理 论

风险投资企业的资金筹措

企业的管理资源包括人、物、资金。但是，在管理的过程中，使这些要素可以扩大再生产的机械装置也是必不可少的资源。前面几章主要讲述了物和人，本章来讲述一下资金。

其次，本章主要在风险投资企业的资金筹措的前提下进行讨论。因为一般来说在公司内部的新事业中，不论是事业的启动资金（依据业务的种类）还是对事业初期赤字的填补以及提供运转资本，在某种程度上都是由总公司接办的。

在公司内部新事业中，一般来说要策划制定大概5~10年的利润计划表，如果满足内部收益率以及投资回收的年限，就会得到公司领导层的同意。

一、作为指标的资金流动的重要性

近年来，企业大多采用净现值以及内部收益率等金融体系中的评价指标，所以需要清楚地计算资金的流动，更严密的说是自由现金流，从而制定出预期利润表。自由现金流 = 营业利润 ×（1- 实缴税金）+ 折旧和摊销 - 资本支出 - 营运资本变动（图表4-2）。

具体的是不仅要算出销售额与成本，也要估算用于设备投资与运转资本的金额。运转资本一般是设定为销售额的百分之几（关于制定预期利润表与业务评价的细则，请参照 MBA 轻松读：第一辑《金融学》）。

一般来说，直到资金可以自行运转，总公司都要填补赤字以及准备必要的运转资金。反之，在公司内部新事业制定商业计划的一个目的就是明确地向作为资助者的总公司表示需要提供多长时间的资金援助。

但是对于风险投资创业家就并非如此简单了。在初期阶段也跟公司内部企业家一样必须要制作预期利润表，但是对于风险投资企业家来说不存在可以为之填补初期赤字以及准备运转资金的总公司。

图表 4-2 典型的预期利润表

年	2010	2011	2012	2013	2014	2015
销售额		12,000	20,000	25,000	28,000	30,000
销售原价		4,320	6,600	7,750	8,400	8,700
占销售额比例		36%	33%	31%	30%	29%
一般销售管理费		8,540	14,200	16,450	18,440	20,099
·广告宣传费		2,500	4,000	4,500	5,040	5,400
占销售额比例		21%	20%	18%	18%	18%
·人事费（固定费用）		4,000	7,000	8,000	9,000	10,000
·其他		2,040	3,000	3,750	4,200	4,500
占销售额比例		17%	15%	15%	15%	15%
营业利润		-860	-800	800	1,160	1,201
运转资金		2,640	4,000	4,500	5,040	5,400
占销售额比例		22%	20%	18%	18%	18%
初期投资金额	1,000					
折旧费用（内数）		200	200	200	200	199

因此必须要自己准备创业资金，如果出现资金短缺的情况，那就意味着事业的终结。

除此之外，也存在公司所有权的问题（最近，在公司内部事业，也有企业家需要自行出资的情况，但是这是极其罕见的情况）。也就是说，与公司内部的企业家相比较，风险投资的企业家需要更细致地考虑如何筹措资金。

本章详细描述以风险投资企业家为中心的案例。我认为，不论是对于公司内部的企业家还是新事业的责任人，本章的参考意义都很大。许多新事业也是与公司外部的风险投资企业竞争，所以在理解本章的基础上可以预测出竞争对手的瓶颈与事业发展的速度。其次，由于公司制以及持股公司制的发展，有必要将已成功的子公司、MBO（管理层收购）、销售等要素纳入视野来提高事业价值。

在此意义上，虽然说本章是面向创业家的内容，但是作为合作金融的基本也是有益的内容，也可以说对于新事业的管理者来说，是有利于今后事业的必读部分。

二、资金需求的对策

企业发展的过程中，创业家面临的最重要的课题之一就是如何进行必要的资金筹措。最大的原因是，对于创业家来说资金筹措的可选项非常少，并且非常困难。

对于负债的处理，一部分的优良上市公司是在银行借款、商业票据、公司债券中，结合本公司的资金需求，选择最适合的选项。但是对于股份公开规模发展还不完善的公司来说，他们的现状是只能向银行借款。并且对于创业家来说，向银行借款难度也很大。因为从银行的角度来看，没有拥有土地资产的创业家是抵押能力弱、贷款困难的对象。

另一方面，在筹措资金的过程中，由于公开标准比较严格，所以风险投资企业的投资方中临近公开的企业有很多，对刚创业的公司的投资绝对不会多。基于这样的现状，创业家为了能筹到必要的资金应该做些什么呢？

第1点，创业后尽量在早期就取得金融机构的"信任"，与之建立良好的关系，从而提高资金筹措的额度。第2点，随着企业的发展，资金筹措的选择项也在增多，在每个发展阶段都要了解有哪些资金筹措的方法并有效地将其组合在一起。关于与企业发展阶段相对应的资金筹措方法、获得金融机构"信任"的方法、与金融机构交流的方法等等，本章提供一般的框架结构供大家参考。

另外，这些融资制度以及风险投资的情况都是基于2010年初的情况论述的。今后肯定也会发生各种各样的变化，希望大家在此意识基础上继续读下去。

创业前的资金筹措（自己的资金 +α）

对于创业家来说，创业前的资金筹措并不容易。与此同时，根据国民生活金融公库（日本政策金融公库）的调查，2007年的平均创业资金为1492万日元。

那么，创业家如何筹集资金呢？现实中，要考虑到以下几个方法。

• 自己的资金（自己的存款）。
• 父母兄弟姐妹或朋友。
• 天使投资人（个人投资家）。

总之，大部分是要靠自己的存款和个人的人脉来筹集资金。"天使投资人"指的是利用个人资产对贷款能力低且处于创业阶段的创业家进行投资的个人投资家。对于创业家来说是"天使"一样的存在，所以称之为"天使"。投资金额大多是从几百万日元到1000万日元，在创业之前就得到投资，肯定也是因为有强大的人脉基础吧。也可以理解为，利用自己的资金和亲属或者是其他人的资金开创了事业。

筹集到平均1500万日元的资金是件很困难的事，但是自己的资金只占其中的不到30%。

在事业开始之际就有充足的资金，这当然是最好的，但无论是什么样的大企业，刚开始都是从小做大的。

另外，由于在这个阶段几乎没有贷款这一资金筹措方法，所以基本上前面所筹集到的资金都是股东资本。

创业初期的资金筹措（银行、风险投资、个人投资家）

规模再小一旦创业也是一个企业。资金筹措大致分为2类：贷款与股东资本。贷款是根据借贷对照表上的债务情况进行资金筹措，股东资本是通过股东买股份来筹措资金的方式。首先来大概看一下创业初期的情况。

一、创业初期的贷款

创业初期主要有以下4个贷款方式。我分别叙述一下各自的特点。

（一）从公共金融机构贷款

创业阶段，企业的主要贷款方有日本政策金融公库（旧时的中小企业金融公库、国民生活金融公库）、商工组合中央金库、商工会议所的"小规模事业者经营改善资金"等公共金融机构、地方自治体及其他融资机制。

创业阶段的经营者一定要踏实地研究这些融资机制并灵活运用。

（二）基于"官方债务担保"的银行贷款

只要经营者个人还没有拥有可以作为抵押的资产，那么公司就处于很难从银行贷款的时期。但是，从银行的角度，由于抵押能力弱而无法贷款的公司，只要有公共机构开具的债务担保书，银行负担的风险就会减少，所以有可能发放贷款。

（三）地方自治体的融资机制

地方自治体主要以活跃地区经济为目的，对风险投资企业发放贷款。例如在东京，通过信用保证协会与民间金融机构的合作来实施融资机制。

（四）民间的创业资金制度

通过与信用组合的合作，有面向个体营业的创业家而设立的名为"市民银行"的民间融资机制。

二、在创业阶段的贷款战略

创业阶段的企业，即使有高超的技术，也研发出了优秀的商品及服务，但依然没有广泛地被市场所接受。因为没有可以作为抵押的资产，很难从银行贷款。所以很多企业会出现财务基础薄弱，资金筹措困难的问题。这种情况下，经营者首先应该采取的财务战略是获得金融机构的"信任"。

为什么信用如此重要呢？如果没有可以作为抵押的土地，在向银行贷款时必须要提供代替品，那么只有信用可以作为代替品。但是信用并非一时半会儿建立起来的。所以经营者必须要有长远的眼光，在还不能贷款时就与银行保持积极的交往，慢慢地建立起信任关系。在这个时期能否建立良好的关系，大大地影响着企业今后的发展速度。

有以下5个可以获取银行信任的典型方法。

（一）经营者个人获得银行的信任

经营者自己制作月度的资金周转表以及事业计划、资金计划，为了说明经营情况定期地去拜访银行行长，展示经营者的计划性和"透明经营"的理念，这个方法很有效。其次，积攒一定的存款也是有效的办法。现实中，有企业家一个月一次拿着资料去拜访银行行长，说明经营的情况而获取对方的信任，最终获得银行贷款的风险投资。这样的成功案例还是比较多见的。

（二）客户（订货方）中存在大企业

从银行的角度来看，在订货方或交货方中是否有大企业，这点是评价创业阶段企业的重要途径之一。理由有2个。一个是如果客户是大企业，由于破产而无法回收赊销债权的风险很小。另一个是银行推测如果是与大企业进行贸易往来的话商品肯定是有质量保证的。例如如果是同京瓷有业务来往的企业，银行会认为"那个企业肯定有连京瓷都称赞的高超技术"。

（三）利用大众传媒、广告宣传

灵活利用大众传媒以及广告宣传的方法各种各样。其中有效的是报纸、新闻等印刷媒体。如果在《日本经济报》《日刊工业报》等被金融机构的人所信任的信息媒体上得到评价的话就会有利于信用的提高。其次，积极参加各种商业展览也是手段之一。

（四）利用信用担保协会

前面叙述的先从信用担保协会开具债务担保书，然后再经由银行申请贷款的方法也是取得银行信任的一个非常重要的方法。特别是在经济不景气的情况下，许多经营者认为重要的是"关键在于如何开拓信用担保协会的担保限制条件"。接受1～2次担保后如果全部还清贷款，那信用就会提高。希望大家能理解，作为银行来说，对于新客户，它们要在通过担保协会后再做决定。

（五）接受官方机构的债务担保

虽然对独立行政法人中小型企业基础设施机构的债务担保条件非常

严苛，但是正因为如此银行的评价才会高。如果符合条件信用就会提高，并且因为是有债务担保的，所以银行会积极放款。特别是对于研究开发型的风险投资企业来说，这是非常有利的机制。

另外，也希望大家意识到银行的放款态度会根据金融厅的政策而发生巨大的改变。在支持中小型企业发展的环境下，金融厅是比较容易放款的。认清当时的宏观环境很重要。

三、创业初期资金筹措的技巧

创业初期进行出资的有风险投资企业以及个人投资家。

（一）VC（风险投资）

风险投资企业指的是，利用股票投资企业，通过首次公开募股、企业的合并与收购等股票的销售利润获取收益的事业形式。在日本国内，集富亚洲投资公司是较为著名的大企业。

在日本，股份的公开条件曾经非常苛刻，由于从公司成立到股份公开需要很长的时间，风险过大，所以风险投资企业对创业阶段的公司进行投资的事例非常少。但是在最近，从大企业到条件好的创业阶段企业，对其进行投资的风险投资企业的范围变广了。可以说对于风险投资创业家来说，资金筹措的可选择项又增加了一项。

（二）天使投资人（个人投资家）

不论是在事业创业前，还是在事业发展的任何阶段，个人投资家都是有实力的投资者。他们这些个人投资家大多是拥有许多事业成功经历的资本家，所以他们提供的不仅有资金，也有在事业开展上的诸多建议。

在美国，据说积极投资创业者的个人投资家已经达到了10万人。在日本，大多是通过创业取得成功的第一代人（2000年前后）、第二代人（2004～2006年前后）作为个人投资家向新兴创业者提供资金。其次，从2008年开始日本改革了"个人投资家税制"，保证了个人投资家在投资时享受税制上的优厚待遇，给创业家们提供了一个可以轻易地从个人投资家那里获得资金支援的环境。

专栏：通过企业孵化器支援创业

企业孵化器是一种机制，提供设施、设备、服务、技巧和人际网络，以培养业务基础尚未确立的创业期企业。其中既有想获得收益的民间团体，也有公共机构。虽然通过是否有设备和支援者，对企业孵化器的定义会有所不同，但"川崎科技工业园区""千里生命科学中心"等这样的孵化器在日本全国有200～300处。从企业孵化器中诞生的风险投资首次公开募股也在逐年增加。

像这样，在资金以外的领域支持风险企业的制度也逐渐充实起来了。

四、多样化的风险投资企业的资金筹措

本章开头案例中介绍的上海万革始应用软件有限公司可以说在发展、股份公开、股价等方面打破了"常识"，展现了更多的新的可能性，成了一个很好的范例（图表4-3）。

包括上海万革始应用软件有限公司在内，这几年也有不少企业在创业还未满10年的短时间内就做到了股份公开，并且之后也持续保持着发展和收益率。想来，曾经几乎所有的企业都不得不踏实地积累留存利润，以缓慢的进程获取银行的信赖，然后申请贷款。可以说今非昔比，两者形成了鲜明的对比。

图表 4-3 万革始与以往公开企业的比较

	万革始	以往的案例
直至股份公开的年数	5年5个月	早的话10年，有时需要30年以上
直至公开的资金筹措	从初期阶段开始就积极地利用风险投资	以留存利润为中心，逐渐增加银行的贷款
风险投资的持股比例	高	不怎么利用风险投资，就算利用也只是20%的程度（后期主要以风险投资为中心）
股份公开时的股价	高	多样
股份公开后的股价	保持／提高	下降的情况较多
股东	机构投资家的比例较高	个人的比例较高

虽说风险投资企业和个人投资家的增加强有力地支撑着资金筹措方式发生变化，但是它们和银行到底哪里不一样呢？我们来详细看一下银行和风险投资企业贷款的差异。

（一）来自银行的资金筹措

债务融资伴随着定期偿还本金和利息的义务。如果未能履行偿还的义务就会有破产的风险。

但是一般来说，发展初期阶段的风险投资企业，经营还处在一个不稳定的状态。重要客户解除合同、产品开发滞后等都可以说是家常便饭。很多情况下这些情况会直接阻碍偿还本息。

其次，从银行贷款通常情况是，如果缺乏信用度，就会承担较重的利息负担。对于将产生的利益用于再投资阶段的风险投资企业来说，过高的利息负担会成为阻碍发展的重要原因。

进而，由于银行需要慎重地花费时间进行初期审查，所以缺乏灵活性。因此，企业方为了确保一定程度上的资金流动性，会产生筹集更多资金的倾向，这也就意味着要承担更多的利息负担。

除了以上实际业务方面的情况，还有从银行的立场看，原本是将低风险、低收益的存款（不期待巨大的收益，只是作为安全运转的资金）作为主要资金筹措方式，所以很难积极地对高风险的风险投资企业进行资金支援。总之，风险投资企业与银行之间的关系原本就缺少亲密度。

（二）来自风险投资企业的资金筹措

对于风险投资企业来说，通过股份融资（对股东资本的投资）的方式来提供资金支援的风险投资企业增多了。

在股份融资中，投资家以未来的资本升值收入为目的，用自己的资本去投资，所以不存在类似于偿还本息的现金流动。因为就算支付股息红利也并非履行法律上的义务，所以在发展阶段可以将股息红利作为留存利润，用于再投资（实际上很多投资家更愿意出售股份从而获得资本升值收入，而不是通过股息红利获得股利收入）。

因此，对于创业初期或者是处于发展初期阶段的风险投资企业来说，利用股份来进行大部分的资金筹措是理想的。这与"高风险、高收益、低风险、低收益"的资本主义原则相吻合。

经济产业省的风险投资企业支援政策转换为如果附加有债务担保书就可以直接放款的做法，也可以说是反映出了这一想法。

1. 早期对企业进行投资的风险投资企业

如之前所叙述的那样，曾经日本的风险投资企业主要是在后期，也就是对接近股份公开的企业进行投资。但是近年来，日本的风险投资企业增加了早期的投资，投资处于早期阶段（雏形阶段、创业阶段或早期阶段）公司的风险投资企业正在逐渐增加。

缓和股份公开基准且面向新兴企业的股份市场相继开设，也提高了通过股份公开而开展早期投资回收的可能性。其次，风险投资企业的增加导致竞争激烈，使投资不仅发生在后期阶段。

虽说是最近几年才开始增加的，但对于与美国相比个人投资家还很稀少的日本来说，可以说终于完善了创业和初期阶段企业的风险资金供给机制。

2. 以早期企业为对象的风险投资企业的商业模式

主要对早期企业进行投资的风险投资企业，也不仅仅是将投资时间提前，而是企图通过自己的方式来降低风险，实现利益的最大化。

具体的做法是向其他公司派遣董事，积极地参加公司运营。也有很多情况是提供战略方面的建议、人才介绍、协助其拓展合作方以及商品的销路。我们称这种为附加价值型或价值型（曾经也称之为附加型，但附加并不等于附加价值，所以近年来大多称之为附加价值型）风险投资企业。他们在促进风险投资企业发展的同时，在达到一定的经营目标时，进行阶段性的追加投资（里程碑式投资）。

一般来说时间越往后所需要的资金也会越多。从分散投资风险的观点来看，由于只通过一家风险投资企业来应对全部的资金需求是很困难的，所以通常是由投资者领导人，也就是由主要风险投资公司全权管理下一轮的企业联合组织，以实现顺利的资金周转。最终为了顺利实现股份公开，也会支援企业与主要证券公司的谈判。

对于风险投资企业来说，这些资金提供者的出现意义是巨大的。因为可以通过初期阶段的股份融资实现早期的股份公开，进而通过实行大规模且多种多样的资金周转方式取得急速的发展，可以说这是现实中的一个可选择项。

3. 与早期阶段型风险投资企业之间的交往方式

从风险投资企业的立场来讨论一下灵活运用风险投资所需的条件吧。

最重要的一点是，要选在业界受到好评并符合本公司战略以及企业文化的企业。这样能够利用他的宣传效果。

实际上在欧美等一些风险投资发达的国家，一旦一些评价很高且有权威的风险投资企业决定投资，就会成为诱因促进资金周转顺利进行。进而也有事实表明，与没有接受风险投资的企业相比，接受风险投资的企业更有可能顺利地进行股份公开。在信息的对称性差距较大的未公开股份投资中，作为专家的风险投资企业出资支援这一事实相当于得到了权威人士的保证，可以指引新兴投资家向有利于企业的方向发展。

专栏：美国"良好的风险投资"所发挥的作用

在美国，人们普遍认为，只要获得优质的风险投资，再与经验丰富和颇具实力的投资银行（证券公司）合作，那投资银行首次公开募股的成功率就会提高。

此外，如果主要投资银行成功地担任主管干事，那企业在公开发行股份后，银行会确保主管干事的分析员覆盖范围（证券分析师根据公司的分析和分析结果持续提供买卖建议）。其结果是，因为克服了信息的非对称性，所以机构投资家（一般采取理性的投资行为）的持股比例提高，与个人投资者（很容易采取非理性投资行为，比如恐慌性抛售）持有比例较高的项目相比，股价相对稳定（顺便提一下，在英美市场的实证研究中，在公开发行后股票的长期性价比方面，风险投资方比非风险投资方的性价比更高）。

在处理持有股票方面，以大型机构投资者的资金作为基金经营的一流风险投资企业，可以采取将持有股票直接转移到大型机构投资者手中，或者机构投资者纳入投资管理目录中等方法，避免市场产生供求关系的恶化。

其次，凭借这种方法公司可以迅速发展壮大，并在短期内上市，公司也可以避免因基金回收期限的限制而急于抛售股票的情况。在美国，风险投资正是因为上述原因才具有重大意义。

在企业的成长阶段，即使从表面上看利润提高了，也有可能发生因为资金周转陷入困境而最终破产（盈余破产）的可能性，这是因为利润计划表上的利润与现金流动（实际企业支出与收入）的金额是不一致的。

为了避免类似情况发生，我们有必要重新了解一下金融的基本，即现金流动的重要性。

成长初期的资金（引入外部资本和增长机会）

在公司的成长时期，即使利润似乎有所增加，也有可能会破产。这是因为损益表上的利润和现金流量（实际进出公司的现金量）不匹配。为避免这种情况，让我们再次了解现金流的重要性。

一、成长阶段的融资

在成长阶段，虽然销售额会有持续性的大幅度提升，但是要认识到这些销售额不意味着立即会变成现金。按照日本的会计标准，注重销售额的实现，所以只有在合约成立的阶段，销售额才开始被计算在内。但是也要看事业类型属于哪一种，如果是以法人为对象的业务，那一般采取赊账的方式。总之，虽然"赊销贷款"增加了，但是重要的现金化却一直落后延迟。如果回收期是半年的话，那么半年内的销售额终究只不过是纸上的记录，而并非真实的现金。

加之，并非所有的销售额都可以回收。特别是在经济不景气的时候，买主破产，极有可能变成无法回收的不良债权。明明因为提供商品和服务而产生了成本，但却不能以现金的形式回收销售额，这无疑是最糟糕的情况。因此再次提醒大家，必须要意识到只有当企业实现以现金的形式回收销售额才能获取利润，才能用这部分现金转向新的投资，从而使企业持续发展下去。因此，恰当地管理现金流动是必不可少的，这也奠定了企业长期发展的基础。

由于成长阶段销售额的大幅增加，多会出现内部现金流动（税后利润＋折旧和摊销费用）不足的情况。因此，为了促进进一步的发展，有必要从外部进行资金筹措，如果资金周转迟缓，就会导致破产，或不能取得预期的发展，最终在竞争中落后于其他公司。

所以要在预测现金流动和避免出现资金短缺的同时，不断检查销售额增长幅度是否符合资金的周转能力，总之要避免幅度过大的情况发生。

专栏：早收晚付

如本书所示，财务计划的制定和监管是很重要的，但是在此之前确立现金流动循环良好的事业模式，以及操作模式也是很重要的。通常被人们称之为"早收晚付"的原则，需要让各位员工和相关方了解，并贯彻于事业的始终。

关于奖金支付的时间点问题，应该选在资金最宽裕的时期。例如某些指导培训班认为，奖金支付的时间点选在资金最宽裕的4月和9月比较好，而不是大家认为的6月和12月。

二、成长初期的财务战略

处于成长期的企业需要大量的资金，由于并没有通过留存利润充分地积累资本，所以此时的企业财务体制并不完善，担保能力也不强。在这种情况下，经营者应该采取的财务战略主要有以下3个。

（一）获取银行的信任，先扩大贷款的范围

企业和事业在成长初期，尚未具备强大的担保能力。这种情况下要想从银行筹集资金，最重要的一点就是信用。也就是说从创业阶段开始就要有一个长远的眼光，对成长初期的企业来说，与银行建立信任关系意义重大。因此，为了增加贷款额度，在创业阶段以及成长初期就必须致力于该如何取得银行的信任。

在这个阶段，可使用"贴现票据"提高信用。"贴现票据"指的是企业在资金周转方面没有富余的时候，将在商业贸易中获得的票据交给银行，并支付折扣费（直到支付期限的利息）使之现金化的方式。一些大企业如果有优良商标的票据，贴现就比较容易。在持续进行贴现的过程中，如果被银行认可为"此公司赊销对象比较稳定，并且是与大企业有贸易往来的公司"，大多数情况下可以在偿还原资本的基础上无担保地从银行贷到所需的运转资金。

在这个时期，应该贷多少款呢？虽然根据行业不同而不同，但一般最好是能借多少借多少。从银行贷款是与信用密切相关的，不怎么需要

资金的行业，如果在平时注意努力拓展银行的授信范围，与银行建立良好的关系，那么在想借钱的时候就能借到钱了。

（二）选定主要银行，并与多个银行保持交往

与多个银行保持交往可以有效地分散风险。最好是尽可能地从发展初期开始就与多个银行交往，以达到分散风险的目的。同时，也应该考虑到信金、地方银行、省银行等"金融机构的名单"。

其次，关于银行的选定，最理想的是通过董事长的熟人或客户的介绍。因为通过介绍可以赢得银行的信任。

（三）积极讨论引进外部资本

银行贷款不足的情况下，讨论引进外部资本很有必要。在发展初期的资本筹措方法中，除了风险投资企业的投资，也有与其他公司的资本合作，以及来自中小型企业的投资。

之前已经叙述过风险投资的优点了，对投资额的使用程度也会衍生出经营权等方面的问题。

引进大企业的资本会提高金融机构的信用度，使资金周转变得容易。其次，也有可以灵活运用大企业经营资源的优点。但是另一方面，会有被夺取经营权的风险，也有因被归入同类而导致销售对象受到限制的风险。因此有必要从战略的角度慎重讨论此问题。

来自中小型企业的投资，因为带有半官半民的性质，所以经营不会

受到其干涉，以及它与风险投资企业不同，有不急于公开股份的特点。

三、适当的资本政策

何时停止使用风险投资这种方式，关于这一点确实很难做出判断。因为有一个重要的问题摆在我们眼前，那就是有些创业者的持股比例正在降低这一事实。

当我们讨论这个问题的时候，其关键其实是资本政策。我们需要仔细观察企业方对于资金筹措的要求，要时刻想着股份公开，与现在以及未来的企业利益相关方（创业者、高层领导、从业人员、现在提供资金支援的银行、风险投资企业、客户或是营业上的战略伙伴、将来的资金提供者等等）保持良好的关系，阶段性地设计出理想的企业管理体制。特别要思考该如何制定所有权经营者持有的股份份额的问题。

企业管理指的是谁是企业的所有者的问题。如果设计失误，有可能会导致亲自培养的经营者为了利益发生争斗。过于小心谨慎的话又有无法及时筹措到资金的危险，如此一来错失发展的机会，最终一无所获。

对于创立风险投资企业的当事人来说，这确实是令人手足无措的选择。

上海万革始应用软件有限公司得以顺利发展，3位创业者兼经营者的能力自不用说，关键是他们采取了"不拘泥于自己的股份持有份额，优先填补资金需求"的措施。

合作统治与发展战略的权衡以矩阵的方式总结如图表4-4。

一般来说，要想实现迅速发展，必须从早期就开始筹措外部资金，为此，无法规避将创业成员所有权的一部分转让给第三方的做法（风险投资企业）。

图表 4-4 创业成员的所有权保持率与企业的发展速度

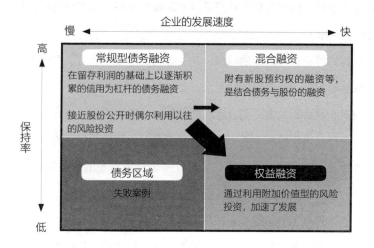

（一）常规型

至今为止的风险投资企业相当于左上角的象限（常规型债务融资），对企业的统治权抱有执念，所以无法积极地利用风险投资，而是在留存利润的基础上缓慢地发展，凭借逐渐积累的信用作为杠杆从银行贷款。

结果就是直至股份公开需要20～30年，在股份公开时已经发展成了成熟企业。

但是，在近年来严峻的商业环境下，大家并不认可这种常规的融资方式。还有，如果发展缓慢，就会有被竞争对手席卷好不容易发现或是开拓的市场的危险。

但是，如果不考虑股份公开，想要一直保持私营企业性质的话，使用这个象限的做法也是没有问题的。

（二）新兴风险投资企业

以上案例中提到的上海万革始应用软件有限公司位于右下角的象限。因为某种程度放弃了对所有权的执念，所以能够充分利用风险投资，万革始不仅得到了资金方面的支持，也得到了人才、战略方面的支持，因此成长速度得以大幅度提升，做到了在仅仅5年5个月的时间内实现了股份的公开。

其次，虽然也有不少企业将股份公开作为事业发展的目的之一，但是在上市后却并没有取得发展。对于上海万革始应用软件有限公司来说，股份公开终究只是一个阶段，是公司进一步发展的序章，通过灵活运用获得的宽裕资金，以及多种资金筹措方法，万革始取得了更加长远的发展战略。

（三）混合型

像右上角的象限那样，保持创业者出资比例的同时又实现快速发展是不容易的，但是如果构建可以实现宽裕的资金流动的商业模式，也并非不可能。但是，经营者需要具备才智。

（四）活债

右下角的象限可以说是风险投资的失败案例。风险投资企业抱有期待地进行了资金筹措，但是市场并非像预期一样得到拓展。或是由于管理团队的不成熟导致没有构建出适合发展的组织结构（强化营业部门等）。

四、资本政策设计的要点

虽然我在这里强调了创业者兼经营者与风险投资企业之间的关系构图，但是如前所述，资本政策实际上也与各种各样的企业利益相关方息息相关。接下来我会论述一下在资本政策设计方面更加广义上的要点。

首先，在保持股东稳定的同时，避免将股份的持有份额集中在特定的人手里，要设计成可以有效发挥检查和平衡功能的政策。

其次，以"努力提高这个公司的业绩"为目标，设计出能够调动高层领导和员工积极性的资本政策。

具体做法是，预估各个企业利益相关方的出资比例；在实施时期讨论第三方增资；确定认股选择权的授予数量；公开招募；出售股份数量等。

如果难于设计出一个最合适的资本政策，那在讨论将什么作为资本政策目标的时候也会产生重大分歧。在这里，向大家提议以下几点优良的政策目标和资本政策成功的定义。

· 可以适时地周转必要数量的资金（周转金额 = 股价 × 新发行股数）。

· 可以防止过度的稀疏化（"过度"指的是高层领导不能发挥影响力、高层领导的积极性极度低下、股份公开变得困难等等）。

· 可以设定使投资家满意的投资条件（主要是股价、价值方面）。

能够高水平地满足这3点计划才可以说是优良的资本政策。关于让投资家满意的投资条件这一点，我们用所谓的风险投资方式来计算比较恰当。

风险投资方式指的是在预测投资回收时期的基础上，通过复合法（是营业利润以及税前利润的几倍、销售额的几倍等，将这些数字以同行业其他公司的数字为参考而设定的方法）来预测那个时期的企业价值，算出可以确保内部收益率的数字。

其次，在制定资本政策时，一般是提前做好资本政策的空白表格程序。为此必须要动员熟知会计、财务等经济方面的专业人士，以及人才管理、组织行为等人力资源方面的专业人士，还有熟知市场营销、生产、操作、经营战略等调配物质方面的专业人士。

虽然最终做决定的人是创业者兼经营者，但是为了避免观点上产生的偏差，有必要参考多方相关人员、偶尔也要参考第三方顾问的意见及建议。

专栏：拘泥于风险投资比例已成为过去？

直到21世纪初期，在日本都存在这样一个惯例：风险投资比率不低于20%的企业很难上市。风险投资企业为了回收资本必须将所持股份出售出去，造成资本的不稳定性，股价也因此变得不稳定。但是，在风险投资非常发达的现在，风险投资比率大带来的坏影响越来越少，风险投资的持有份额的供需关系以及市场行情成为影响股价的重要原因。

其次，在美国也是同样的情况，投资时风险投资的比例增大，确立了投资时要遵守公开后的一定期限内限制出售股权等制度，这也有助于减少对股价产生的影响。

股份公开前（通过贷款以图发展）

到了发展阶段的后半段，就会进入到稳定发展阶段，公司的基础也逐步建立了起来。通过留存利润继续积累利润，财务基础也会稳固。因此，资金周转并非如此困难。完全可以向银行申请贷款，也可以公开股份。

作为经营者要从金融机构所提议的周转方案中考虑周转成本、偿还条件等问题，然后决定与本公司需求相适应的资金周转方式。

贷款到什么程度

从公开股份进入视野并且由成长中期发展到后期的企业，随着银行信用度的提高，其贷款的授信范围也会扩大。但是因此也出现了向银行借过多的钱，投资过大的设备，以及建造与本公司不相称的高楼大厦，最终无法承担利息负担而导致破产的企业。

根据金融理论，以增加借入资金为杠杆的方式对于股东来说有利于提高企业价值。但是这终究只是有助于本业的发展。因此，将获得的投资很好地与本公司发展速度结合的同时，也要注意承担适当的负债比例（资本构成）。

（一）考虑构成最优资本时的2个观点

当从经营者的观点来思考最优资本的构成时，有以下2个观点。

1.保持发展的机会：借款的优点

在成长阶段，发展机会很多，但是资本不足就会导致错失机会。通过灵活度更高的负债周转（在信用度较高的成长阶段，借款的方式灵活性就更高）资金的方式，而不是用资本抓住时机，与只是使用自己的资本这一情况相比，更加可以提高增长率。

2.破产风险：借款的优点

只看保持发展机会这一点的话，可以说负债的比例越高越好，但是这是基于投资利润率总是超过利息利率这个前提的。如果借款越来越多，再加上业绩恶化，那支付的利息就会远远超过营业利润，从而不断亏损，最终导致破产。当然事业类型不同，情况也就不同。但是风险较高的企业（技术风险投资企业等）以及容易受到经济不景气影响的企业更是不应该倾向于利用负债融资。

关于破产的风险，因为很难用某些定量数据去测定，所以每个企业不能一味地、机械地追求最优资本构成。经营者应该在比较借款优缺点的同时，考虑本公司的预期利益率以及利息的动向，然后决定资本的构成。

（二）通过投资组合的方式确保经营的自由度

企业的发展阶段与资金筹措的方法归纳如图表4-5所示（从创业开始至股份公开）。

与金融机构建立并保持良好的关系对于创业阶段的企业家来说很重要。特别是事业初创期和事业成长的初期，如何能与金融机构建立信任关系，以及如何拓展资金筹措的可选项，都会直接影响企业的发展速度和经营稳定性。投资组合的概念指的是与多家金融机构保持事业往来，并致力于维持资金筹措过程中经营的自由度。

图表 4-5 风险投资企业的资金周转方法

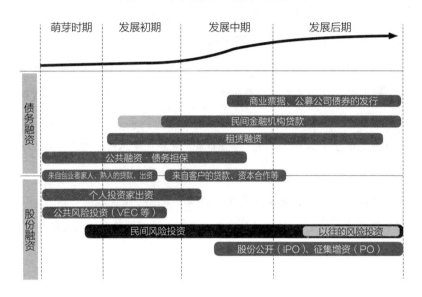

有些经营者苦恼于资金的筹措，不得不四处奔走筹集资金，如此一来宝贵的时间就大量浪费在资金筹措上了。其次，出现经营困难的时候与金融机构谈判的能力也会减弱，借款谈判会变得艰难。所以有必要把握好本公司中短期内的资金状况，然后提前采取适当的行动。

专栏：股份公开的成本

虽然有的经营者拘泥于私营企业，但是对于所有的经营者来说，股份公开是梦想，也是伟大的目标。

股份公开的优点是可以筹集到庞大的资金，可以提高企业的信用度，以及通过股份公开可以刷新公司内部的管理体制等。

另一方面，我们也不能忘了股份公开也会产生成本。特别是近年来引人注目的是伴随着内部检查和适时公开而产生的操作上的成本。曾经一年的成本是5000万日元，由于受法规影响，据说近年来一年内需要1亿日元。由于2008年以后的股份公开市场骤冷，考虑到这个费用可能会暴涨，因此有些风险投资企业暂且搁置了股份公开。

除此费用之外，也必须要注意到"经常迫于股价上涨的压力，阻碍了经营的自由度""通过股份公开而得到巨额回报使人的积极性降低"等问题。

股份公开以外的出口

至此重点论述了哪里是风险投资企业的出路，出路就是股份公开，但是近年来，除此之外还有其他方法。

典型的方法之一是将企业出售给事业公司。其中有企业家将经营权完全转让，也有继续作为经营者负责经营企业事业的情况（根据出售股份的比例发生改变）。

变卖企业

作为风险投资企业出售股份最有名的例子是美国的视频共享网站YouTube。2006年，谷歌公司以16亿5000万美金收购了YouTube（股份交换的形式）。自2005年建立，仅仅过了一年就被收购了，并于同年11月开始开展服务。YouTube在开始服务后，可以无限制地免费下载视频文件的商业模式受到了世人的注目，但是公司并没有明确地向大众展示收费模式。当时YouTube的网站维护成本已经达到了每月100万美金以上，也有传闻说"YouTube会不会开展广告业务呢？"但是，它一直在自主建立收费模式，在创造资金前的阶段，已经通过出售而获取了巨额的利益。

在日本，虽然没有在初期阶段就高价变卖的例子，但是已经可以看到有些公司将部分股份出售给事业公司的动向。例如，凭借运动视频"美式新兵训练营"大受欢迎而闻名的OAK LAWN MARKETING（1994年设立，总公司在名古屋），在2004年将51%的股份（310亿日元）出售给了NTT docomo，成为其旗下的一个部门。在此案例中，虽然NTT docomo向OAK LAWN MARKETING派遣了多名董事，但是OAK

LAWN MARKETING 的原经营者继续负责公司经营。

变卖企业并不是指整体的企业，而只是将企业中的一个事业项目变卖出去，这样的例子其实很多。

什么时候实施

什么时候公开股份，什么时候出售股份（出售企业），这两点并没有明确的划分。但是在日本普遍的认识是："创业家放弃公开股份，并且对经营失去热情时可以出售企业。"

但是，YouTube 创造出了与此不同的独具一格的出售企业的方式。作为创业家，以股份公开为目标的同时，还要冷静地判断有没有其他的出路和做法，并需要提高企业利益相关方各方的满意度。特别是在以下情况中，就更有这种必要性了。

- 凭借本公司的管理能力无法做到股份公开。
- 通过战略联盟提高企业价值。
- 出售企业（经营者变更）更能提高企业的价值。

第

5

章

强化管理体系

强大的公司必须要拥有强有力的管理体系。管理体系包含的不仅是会计、人事等制度、规范上的要求，还包括经营理念的渗透等软实力的补充。另外，无论哪一个要素都必须在强有力的管理团队的领导下才能发挥作用。

案例

一、经营的最小单位"阿米巴"

1959年，稻盛和夫等7个人一同设立了京瓷公司。最初制作的是用于显像管的 U 型陶瓷零件，这对日本电视机的大量生产做出了巨大的贡献。从此，京瓷提供了应用陶瓷技术的"高科技解决方案"，做到了竞争对手在技术上不可能做到的事情，京瓷逐渐发展为大企业。

在京瓷被称为"阿米巴"的组织是经营的基本单位。阿米巴概括地来说是比事业部还小的组织单位，需要满足以下3个条件。

- 按照单独核算来运作的经营系统。
- 每个阿米巴都集生产、会计、经营于一体。
- 遵从公司的整体方针。

阿米巴像一个小型的公司。每位员工都要充分掌握自己所属的阿米巴组织目标，在各自岗位上为达到目标而不懈努力，在当中实现自我。阿米巴经营体系创造了员工可以和领导者或是高层管理领导自由交流的环境，同时也承担着防止组织产生官僚作风的职责。另一方面，阿米巴作为一个能将每位成员培养成管理者的装置，也在发挥着作用。

几乎所有的阿米巴都负责着制造和经营等方面的事业项目。"营业阿米巴"是以商品或市场部门为单位构成的，"制造阿米巴"是由商品或制造部门组成的。

"营业阿米巴"是按照客户要求订购商品，或者根据业务计划订购成品的部门。"制造阿米巴"则是接到订货请求后，负责产品生产制造的部门。

阿米巴既可以与公司内部的部门，也可以与公司外部的企业进行交易。其次，如果公司认为再设立一个新的阿米巴比较好，那么也可以设立新的。例如，某个阿米巴内部的电子线路板小组由于活动范围的扩大，同时也可以面向公司外部出售，那么这个小组就可以独立出来，再设立新的阿米巴。

但是现实是，针对提供的服务，有很多情况下无法设定可以佐证市场价格的销售价格。在此情况下公司将阿米巴作为成本中心来看，并将预测金额分配给每个阿米巴。品质管理以及制造管理等部门所提供的服务适用于这种分配方法。

二、阿米巴发挥的作用

制造阿米巴作为独立的盈利中心，具有提供高品质产品、及时交货、实现高销售价格、将制造成本最小化、开发新产品的功能。其中最独特的就是"实现高销售价格"这一点了。制造阿米巴面对的客户基本上是公司内部的营业阿米巴，因此它的高价格是提供给公司内部客户的。

理由很简单。因为制造阿米巴如果没有设定与自己工作相符合的价格，营业阿米巴就会以较低的价格（比制造阿米巴设定的价格还低）接受订货。换言之，正是因为制造阿米巴和营业阿米巴之间进行了价格谈判，所以营业阿米巴不能轻易地降价，而是以最高价格出售产品。

即使营业阿米巴以低价接受订货，但是制造阿米巴的采购价格高，那么营业阿米巴就无法获取利润。也就是说，各个阿米巴的领导者宛如一个企业的经营者，以低价采购进来，增加附加值之后再高价卖出。也就是说"经营的好坏要看定的价格如何"，这句话很好地诠释了稻盛的经营理念。

其次，公司给予阿米巴最大程度的自由，为了提升业绩，公司对于阿米巴的采购方以及销售方几乎不设限。正如前面所述，在公司内部的商品无法销售一空的情况下，也可以选择销售给公司外部的其他公司。无论是公司内部还是外部购买商品或服务，基本上是优先公司内部的供应商。发生使用公司内部产品而造成亏损的情况下会选择从公司外部购买。

为了利于价格谈判，阿米巴的成员不仅要关注到产品的提供时期、品质、交货情况，还要关注公司内部与外部供应商的价格以及客户需求。

在这样的环境下，阿米巴经常处于激烈的竞争中，这也激发了其开发最尖端产品和服务的动机。京瓷在阿米巴式经营理念的渗透下，逐渐出现了不断磨炼自身灵敏度、提高技能，拥有开拓精神的"未来的经营者"。

稻盛在书中这样写道：

"我在创立京瓷后，在划分组织时首先着眼的是影响收支的制造部门。当时因为专门制造电子工业用的精致陶瓷零件，考虑到按照工程分类来核算收支，所以将阿米巴分割成由少数人组成的工程小组，并分派领导，将经营全权委托给领导。（中略）

伴随着企业的发展，京瓷生产的产品种类也飞速增加。因此有必要按照种类来划分组织。（中略）就算设立了新的工厂，也有必要将工厂分类后划分组织。像这样，伴随着事业的发展，通过按工程划分、按种类划分、按工厂划分等多样的组织分类方法，阿米巴组织的数量也逐步壮大。

与此同时，在营业部门实行了按地域划分、按种类划分、按顾客划分等分类方法，从而实现了组织的细化。（中略）

不久，为了经营与公司的平稳发展，我设立了许多新的事业。在思考如何恰当地同时运营多种事业时，我想到了采用事业部的机制，积极推动事业向多方面发展。现在的京瓷经过细化后，阿米巴的数量已经达到了3000个。"(《阿米巴式经营——每一个公司职员都是主角》日本经济报，2006年)

三、阿米巴的业绩评价

当时，各个阿米巴定期向公司就自身的业绩进行定量、简单且迅速的汇报。KPI是公司关注的中心，KPI指的是总发货量（产量）、总生产量（网络产量）、附加值（公司内部用语是"差价销售额"）、时间附加值等方面的内容。其中尤其是时间附加值引起了公司高度的重视。

限定KPI数量的理由很简单。数据过多就会导致处于企业第一线的人，即现场的人无法理解，导致无法立即采取行动解决问题。现场发生了什么，全体成员可以有所把握从而迅速做出反应，像这样能让人瞬间具有迅速的反应能力和对应能力的指标值均构成了KPI。

在京瓷，各个部门每天都会详细地监控这些数值，并且都要传达给各个阿米巴。这些数值在评价"制造阿米巴"的业绩方面非常重要。

以下我将详细论述各个指标所包含的意义。

附加值指的是从总产量（公司外部发货量加上其他阿米巴销售的"公司内部销售量"）中扣除"公司内部购买量"，然后再扣除经营的费用。

经营费用包括折旧费用、工厂的公共费用等。另一方面，阿米巴也有无法管理的费用，具体是指不属于阿米巴负责的管理部门的经费。这么做的目的是保持阿米巴作为经营主体的独创性和独立性。

这样算出的时间附加值就可以显示出阿米巴对公司全体的利益做出了多大的贡献。需要注意的是这其中并没有加上人事费用。如果加上阿米巴内部的人事费用，就会使高薪职员较多的阿米巴感到力不从心。当然，也出现过曾经业绩不佳的阿米巴，某一天突然收支情况变好了，于是有人将收支情况不佳归结于高薪职员的聘用，其实这种看法损害了阿米巴的整体感。

稻盛先生这样说道：

"从某个阿米巴实际的总产量可以看出它对总公司的产量做出了多么大的贡献。结果，即使是只面向公司内部进行生产的阿米巴，也可以清楚地认识到它对公司整体的销售额是有贡献的，我希望提高的是员工的集体意识。

通过单位时间核算制度公式，使各个部门、各小组，甚至某个人的经营业绩变得清晰透明。一般来说，大公司的员工很难对自己工作的具体成果有成就感，他们常常只是公司庞大系统中的一个小小的齿轮，很难感知到自己对公司到底有何贡献。从这点上看，单位时间的附加价值是激励员工的动力。单位时间的核算制度让员工感到阿米巴虽然是一个独立的经营责任单位，但绝不是单独进行经营，而是与其他阿米巴联合进行经营。总之，每个阿米巴都是公司密不可分的一部分。"（《稻盛和夫的实学——经营与会计》日本经济报，1998年）

每个阿米巴将每月的成果公布给全体从业人员。通过信息共享，可以比较自己与其他阿米巴的业绩，可以互相学习。虽然取得优秀业绩的阿米巴得到了认可，但也要注意，不能使其产生比其他阿米巴优越的想法。高层领导创造出阿米巴是为了公司整体团结起来，达成一致，与外部企业相互竞争的目的。

图表 5-1 京瓷公司的方针、经营理念、稻盛经营 12 条

• 公司方针
"敬天爱人"
光明正大。怀有谦虚的态度工作，敬天、爱人、热爱工作、热爱公司、爱国之心

• 经营理念
在追求全体职员物质与心理幸福的同时，要对人类、社会的进步发展做贡献

• 稻盛经营12条
明确事业的目的和意义：树立光明正大的、符合大义名分的、崇高的事业目的

设立具体的目标：员工共有一个具体的目标

胸中怀有强烈的愿望：要怀有渗透到潜意识的强烈而持久的愿望

付出不亚于任何人的努力：一步一步扎扎实实坚持不懈地做好具体的工作

销售额最大化，经费最小化：利润无须强求，量入为出，利润随之而来

定价为经营之本：定价是头等大事，要让客户满意且自己挣到钱

经营取决于坚强的意志：经营需要磨砺意志

燃起斗志：经营需要像格斗般的战斗精神

拿出勇气做事：不应该有怯懦的行为

不断从事创造性工作：明天胜过今天，后天胜过明天，不断改进，精益求精

要怀以坦诚待人之心：成为好的合作伙伴，让大家都开心

始终抱有乐观、向上的心态：抱有梦想和希望，以诚挚之心处事

　　"很容易将阿米巴式经营的目的理解为使各个阿米巴互相竞争，但这是误解。阿米巴式经营指的并不是互相争夺有限的馅饼，而是各个阿米巴互相帮助，互相切磋从而实现共同发展，而且随着阿米巴之间的交易以及市场规则进行，对于公司内部的交易，也是为了带来'有活力的市场'的紧张感和感染力。"（《稻盛和夫的实学——经营和会计》）

　　为了表彰业绩提升的阿米巴，要给予他们精神上的满足，而不是金钱上的奖励。这其中蕴含着"全体从业人员为了自身、同事、公司而工作"的哲学，给予物质奖励来提高积极性的做法是违反京瓷哲学的（参照图表5-1）。

四、阿米巴的管理

　　因为阿米巴是规模较小，比较简单化的组织，所以没必要使用复杂

的系统来计算产品的成本，以及管理整体的支出。每个阿米巴的工程师充分掌握几乎所有的相关原材料、备件的成本和数据。工程师还可以参与价格的设定，这是阿米巴结构简单的优点之一。

阿米巴的短期目标由领导者设定，长期目标由高层的事业总部长设定。事业总部长对事业内部所有的阿米巴负责。事业总部长的主要职责是能够顺利地管理阿米巴。其次，为了完成阿米巴的年度计划，人员和材料的分配也是事业总部长的职责。事业总部长充分把握阿米巴直面的课题，协助成员解决问题，将公司事业向更好的方向推进。

五、战略指针

只有当所有的成员以同一个方向为目标时，阿米巴经营体系才能有效地发挥作用。在京瓷，高度自由的汇报、每月会议、稻盛经营哲学这三者相辅相成，形成了企业整体统一的核心，并使目标保持一致，促使阿米巴式经营取得成功。

事业总部长有能力制定出将事业总部统一为一个整体的战略理论，这一点是值得期待的。如果这个理论不存在，那阿米巴的整体性长期战略也不会存在，这会产生巨大的风险。

阿米巴的领导可以参加事业总部的会议，这样做有利于促进与公司各个阶层的交流，也能提高组织的灵活性。

正是因为有了这样高度自由的体系，阿米巴这一组织形态才能被有效地运营下去。

京瓷的副会长森田直行这样说道："阿米巴式经营的结算方式是非常温和有爱的结构。现场并不是死板的，提高全体从业人员的结算意识，高层领导和干部才可以迅速把握现场的具体结算情况。"(《日经信息战略》2007年7月6日）

管理体系的作用

企业必须要给客户、股东、从业人员这3类重要的企业利益相关方提供价值，与此同时拓展自身事业。

一般来说，当事业规模还小的时候，凭借经营层领导者自身的能力是能够直接保证产品和服务品质的。但是随着事业规模的扩大，只凭借高层领导的努力无法保证提供的产品和服务品质如何（特别是在风险投资企业这一点尤为明显）。因此，通过"体系结构"来保证产品质量变得越来越重要，我们也可以称它为"经营基础结构"，而这个结构就是"管理体系"。

发展停滞的企业通常有几种模式。经常见到的销售额达到上限这种模式，其停滞不前的原因主要是出现了强大的竞争对手、市场规模不足（对市场规模的认知错误）、战略上的决策失误等。这些原因都属于战略论，这种模式也可以说是事业无法顺利发展的模式。

另一种模式是销售额提升了，但是作为经营基础构造的管理体系却没有随之扩大，从而导致组织内部混乱，无法盈利。一些职员会有这样的抱怨：直到放弃的那一刻，都不清楚我们到底是盈利了还是亏损了；不清楚晋升和加薪的标准，不知道公司如何评价自己的能力和成绩，所以感觉很不安；虽然公司内部有各种各样的信息，但是却没有与我们共享，所以组织效率得不到提升……这样下去的话，实际上是完全阻碍了公司的健康发展。

事实上，在设立新事业时，更容易倾向于事业的开发（制定提高销售额的计划），而使得组织开发（侧面支撑的基础设施，也就是管理体系的建立）落后的情况也不少。特别是在风险投资企业，这个趋势很明显。

管理体系是什么

关于管理体系有各种各样的定义，但是狭义上指的是会计制度以及第3章讲过的人事体系等组织运营上的机构。在哈佛大学教授迈克尔·波特的价值链中，管理体系相当于支援企业活动的一部分，也可以称它为"属于企业硬件的人事体系"。

广义上的管理体系指的是通过整顿，创造出与管理理念相契合的软环境，从而提高从业人员的积极性，使大家朝着一个目标共同努力。

其次，组建包括领导在内的领导团队也包含在广义的管理体系中。管理团队相当于汽车的发动机，是非常重要的部分。

本章先解说狭义上的管理体系（坚固的硬体系），然后论述与强化体系密切相关的，并以经营理念等要素为核心的体系（软体系）。其次，分析驱动其发展的管理团队所需的必要条件。

当优秀的团队组建完成，良好的管理体系扩充完备时，才能完美地驾驭企业这辆车，推动其长足发展。

狭义管理体系的引进

首先，简单解说一下狭义上的管理体系。在这里从"发展新事业时必备的最低程度的经营基础结构"的观点，如图表序 -7所示，将管理体系归纳为会计体系、人事体系、意见决定体系、信息技术体系。

其次，随着企业的发展，又增添了宣传体系、法律危机管理等体系。本书为了避免复杂化，对以上几个体系就不向大家做出说明了。

归根结底，这些体系都是从侧面支援提高并组织生产力的，用现今流行的关键词来概括的话就是，"促进了权力下放"和"可视化"。关于"权力下放"将在专栏中进行描述。在进入每个系统的详细叙述之前，我想就"可视化"发表一些个人观点。

"可以看见"可以说是比"可视化"（通常是将无法直接看到的现象和关系，替换为数值和图表等形式）更通俗易懂的词汇了，其中包含着以下与经营相关的问题意识。

• "并不是主观的，而是基于客观事实的行动和交流"这类重视事实、重视说明责任的意识。

• 弄清"实施的措施真的有效果吗？"要有会分析费用和获得效果之间的比例、投资和获得效果之间比例问题的意识。

• 快速清楚地判断"是否发生了重要的事情？"要有发现问题、解决问题的意识。

• "迅速分享易懂的信息"这样重视开放式经营与交流的意识。

总之，在经营与运作的过程中，不能漫不经心、敷衍了事，而是要通过实现"可视化"，从而实现更科学的有效的管理。"可视化"有容易让人们留存事实记忆的作用，也有可以边在脑海中留视觉上的印象边思考问题的优点。

请大家将这几点谨记于心。接下来我来分别说明以下4个体系。

一、会计体系

会计体系可以分解为负责基础设施经营管理的财务会计和为提高组

织生产率的管理会计。

不用说，我们优先考虑的肯定是经营管理的财务会计了。销售额提升了多少？花了多少费用？如果没有这些数据（或者是即便有这些数值，汇报有错误，或者过迟提交），就无法决定如何投资和人员录用这些问题。前面的案例中提到的京瓷公司，从发展初期阶段就引进了独特且有效的会计制度。原本是工程师的稻盛先生在充分考虑到经营运作企业的基础上制定了这项制度。

一般来说，已有企业的新事业可以利用已经存在的合作服务，但是风险投资企业在创业后只能利用银行账户的余额和订货剩余量等粗略的数字实行经营。事业规模发展到一定程度，即使是兼职的也好，一定要录用专业的会计人，要建构一个公司可以准确把握财务数字的财务体制。

在管理预算和业绩时，不少公司只使用所谓的财务数字（销售额、订单和费用）。但是还有一个有效的方法，那就是不拘泥于财务数字，审视有助于做出项目决策的关键绩效指标，并对其目标和业绩进行管理。其具体内容是，计算交货期遵守率、次品发生率、客户回访次数、现有客户的回头率等。将这些设置与业务流程联系起来，按时间顺序进行观察，对于观察环境变化和解决问题是非常有效的。也就是说，通过关键绩效指标实现经营的"可视化"。虽然先前提到了 PDCA 循环，但好的企业往往要经过一个通过 PDCA 高速旋转来实现自我完善的过程。

专栏：操作管理体系

关键绩效指标中有各种各样的指标，如本文所述，使其与工作流程和操作相关联进行测定与监管是很重要的。

例如理发连锁店 QB House，各个分店计算每个顾客的理发时间并向总公司上报数据，这些数据由总公司统一监管。还有某个提供健康护理服务的企业每月集中统计顾客的投诉，并把投诉案件的数量和内容贴在总公司的墙上。

将这些方法和一些解决策略结合起来，比如与"让客户通过邮件订阅日报和月报"等策略相结合，可以将此称为"操作管理体系"。实际上，也有人将这个操作管理体系视为管理体系的一个环节来着重看待。

以上是新事业初期必须要构建的最低程度的会计体系。

事业成长初期之后的阶段，如图表5-2所示，为了满足事业方的发展要求，需要引进更加高效的会计管理方法（关于各个方法在这里不做说明）。在处于第一线的现场方没有提出要求的基础上，引进了复杂且不适合本公司的管理机制，那最终就会造成经营资源的浪费，这是会计体系最容易犯的错误之一。

经营资源是有限的。为了避免企业追逐当下流行的经营方式（即一味地追求关键绩效指标的精细化而最终淹没于数字中的这种方式），就必须在弄清楚本公司实施战略时的必备要素之后组建机构。

图表 5-2 会计管理的总体情况

例：改革
价格设定
生产线的重新评估
决定投资／撤退事业
资金筹措
录用／裁员等

代表性的概念／方法	所期待效果／目的		
投资评价方法 保本点分析 ABC、企业资源计划	正确且迅速的意见表决（＋交流）		
标准原价 预算管理 平衡记分卡、关键绩效指标	事物按照理想以及战略发展（PDCA）	提高组织的生产率	提升企业价值
成本中心、利润中心 转移价格、公司内部利息 业绩评价、奖励方案	驱使人们按照理想以及战略努力工作		

二、人事体系

人事体系指的是所有的与人事相关的组织机构，包含人才录用、选拔、能力开发、部署等相关制度以及人事考核和奖励制度等。如第3章所述，建构人事体系的关键在于聘用能对公司的愿景和经营理念产生共鸣的、具有高技能和充满干劲的工作人员，并为他们营造能够充分展示自身才能和成长的环境。

人事体系与会计体系一样，分为作为职场基础构造的基础体系，和促进提升从业人员积极性与技能的"进攻"体系。前者是与劳务管理、就业管理、健康维持支援、工资与福利待遇相关的事务。这些都是构成便于员工工作的职场环境的要素。

"具有进攻性的人事体系"中包含第3章讲过的各种人事策略。特别是评价奖励的机制和能力开发的方法论与其他人事要素（组织结构、企业文化、领导能力）紧密相连，奖励机制和对员工的能力开发有利于提高从业人员的工作积极性和技能，所以要在提前做好准备的基础上、企业迅速发展之前实施。

我们可以看到，在一些风险投资企业由于人事方面的各项制度都是拼凑"借来的东西"，而缺乏统一性，所以导致管理陷入了混乱局面。在创立事业的初期，管理体系团队虽然在统合企业全体员工方面确实有些困难，但是从这时开始就要注意构建一个能让所有人都重视企业整体性的人事管理构造。如果错过了这个时期，日后就会形成一些不好的风气，对企业文化产生不好的影响。

（一）有效的方法和机制

我已在第3章阐述了人事体系的每个要素的大致框架，所以接下来，我将对人事体系中具有代表性的和实施起来很有效果的方法进行介绍解说。

• MBO（目标管理）。

- 360度评价。

- 设定录用评定标准。

- 职务轮换制的方法论。

- 结果主义和过程主义的平衡。

- 表彰制度。

引进目标管理制度，通过组织目标与个人目标的相互磨合，完善并非由上层下达命令，而是可以按照个人的想法行动的体制。也就是说，培养当事人负责的意识。实际上，据说许多风险投资企业是在引进了目标管理制度之后经营才趋向稳定的。目标管理制度并不只是实施了就好，要想产生效果，最基本的要求是需要考核者进修学习，其中也有通过全体人员共享目标，即实现"可视化"的管理，最后提升了团队合作水平的企业。

其次，通过下属、同事以及领导的360度评价，可以获得更加客观的反馈和开发自身能力的灵感。评价项目的合理设定也与之后的经营理念的强化渗透紧密相连，所以这点至关重要。

如果录用判定标准因人而异的话，就不利于组织实现扩充所需人才的计划。所以要先明确规定"几个人面试、考察面试人员的哪些方面、提什么样的问题、该如何做最终的录用决定"等问题。

令人意外的是，大型企业并没有实行职务轮换制。从人才培养的角度看，这是非常令人遗憾的。在新事业的初期阶段，企业高层可能还没有充分地考虑到职务轮换制的必要性，在积累了丰富的业务经验后，会意识到必须要培养能覆盖各种领域且具有广阔视野的人才。

因为评价的方式可以反映出一个组织自身的价值观，所以尤为重要。特别令人烦恼的是重视结果还是重视过程这个选择。在第3章已经论述过，不管是偏向于结果与过程的哪一方，都不会产生较为理想的效果。所以有必要适当地将结果指标和过程指标结合起来看待。

董事长奖等各类表彰体系有展示组织团队奖励意向的作用，也有宣传获奖人的效果。（这也是一种"可视化"）既可以给予获奖者以满足感，也可以调动全体员工积极工作的激情，因此这是非常有效的手段之一。在京瓷，通过向每位员工展示数据达到了同样的效果。

其次，将每种奖励方式都实施得彻底并具体，但是没有明确的事业目的和目标的企业，也就无法向成员提出需要他们为企业做怎样贡献的要求。这种情况下，即使企业聚集的都是有能力的专业人士，他们的兴趣领域也会被企业目标所取代，最终企业会沦为抢夺经济资源，争抢权力的地方。

作为专业人士，若想不断地提高自身技能，会选择不长期从属于某个企业，或者只是与企业签合同的形式加入企业建设中。在这种状况下，领导者最需要的就是可以统率他人的理想和事业理念的领导能力。

专栏：实现权力下放

建构良好的管理体系可以促进组织系统的成长，从别的角度来看，通过将权力下放给从业人员，可以提高当事人的从业意识和积极性。通过权力下放，即小事由全体员工决定，这有利于让员工理解企业的经营方式，并让他们能站在经营者的角度上看待问题，从而诱发他们的工作动机。不管是公司内部的新事业，还是风险投资企业，权力下放都是非常重要的。即使是发展成为大企业的京瓷，现在也依然通过实行下放经营权力培养员工的主人翁意识。

但是，纵观大多数企业，只是一味地强调权力下放所带来的效果，却没有真正得以实施。有些企业之所以实行了权力下放，一是想提高员工的工作能力，二是由于自身处于基础设施还并不完善的阶段。

那么，在风险投资企业（职员均比较年轻）应该在哪个时期开始实行权力下放呢？由于风险投资企业的人力资源有限，所以我认为尽早实行一定程度的权力下放是必不可少的。另一方面，因为管理体系还未发展成熟，员工因为被下放了某些权力而导致工作内容大幅增加，也有可能造成工作效率低下。

面对如此困境没有绝对的解决方案，但是有一种观点是：如果处在初期阶段的时候就决定权力下放，那么即使失败了也只是回到原点。所以应该在推进人才培养的同时，弄清楚需要具备哪些体系才能实行权力下放，之后再实行也不晚。从一开始就要进行反复试验，在培养人才、建立优良体系的基础上实施的权力下放才会发展顺利。

京瓷的阿米巴体系也是在初期就进入了持续性的摸索过程。就算在阿米巴，也有很多负责人被降职的情况发生（现在阿米巴负责人的降职已经变成家常便饭）。但是，如果是因为害怕失败而不采取任何行动，那就永远不会有进步和成长。

关于权力下放，希望大家注意以下4点，只有将这4点结合起来并用，权力下放才能真正发挥出它的力量。

- 明确定义职务。
- 设定明确的目标（一定时期内的）。
- 实行完全下放的方式。
- 是否得以顺利实施，需要客观评价。并将其有效利用在下一个阶段。

（二）意见表决体系

意见表决体系很重要，但很意外，这个体系常常会被大家忽视。现实社会中，许多风险投资企业并没有明确制定意见表决的规定，再加上每个人的责任和权限不明确，因此造成了现场混乱的局面。

企业至少要做到的几点是：明确表达什么组织可以做出怎样的决定、意见决定必须要得到谁的批准、怎样的情况下通过邮件的意见表决是被认可的等等。例如，如果申请30万日元的经费，要先由管理者层级决定，然后获得事业部长的事后批准就行了。但是如果超过了500万日元，不仅要得到事业部长的批准，还必须由公司高层举行经营会议进行表决后，才能得到批准。

其次，在制定意见表决规定之前，有必要明确每个工作人员的职务和权限。

- 公司的书面请示体系（根据重要度或者紧急度而定）。
- 由谁决定（领导者或者现场负责人）。
- 如何决定（半数以上或者全体一致通过，否决权的有无）。
- 决定的速度（一般议案在24小时以内，重要议案在3～6个月之间）。

让我们来纵观一下作为反面教材的某些大企业吧。其中包含过于严格遵守规定致使决定速度迟缓，或是与此种情况相反，肆意地滥用规则致使规定形式化，导致效果明显下降的情况。

其次，我曾多次看到令人惋惜的情况是：尽管对于公司内部的新事业来说速度尤为重要，但是只是原封不动地将本质的意见决定方法论和速度感引进来，却没有实行真实客观的意见表决。试想一下，当竞争对手迅速做出意见表决的时候，你这边还在为了得到上级部门的同意，奔波于各部门之间盖十几个章，那这样做得到的结果不言而喻，终究是不可能获得胜利的。

曾经的 SoftBank 其组织是非常简单的，总经理→事业部长→利润中心负责人→普通职员，就这4个结构组成了公司的全部。每个利润中心大约由10名职员组成，中心负责人只需获得总经理和事业部长的批准，就可以决定各种事务。这与许多大企业几十万日元的支出都需要好几个公章形成了鲜明的对比。

从这里可以得到的教训是：不能扼杀速度，因为它是新事业的生命线。不要过于细致地制定意见决策的规定，要适当地对是否在正确运用实行监管，如果与现实状况有所偏离，必须及时地灵活地做出调整，等等。

对于现代社会的企业人来说，最宝贵的财产是时间。时间是创造所有事物的源泉，能够将速度提升到什么程度关系着所有企业活动的生产率。应该牢记实施计划时要尽可能地缩短时间，换言之，决定着企业的命运是：能买来多少时间。

专栏：赢得时间

赢得时间的方法有很多。除意见决定之外，还包括提高一般业务中信息流通的速度，鼓励员工制定"待办事项清单"，让大家在判断事情的紧急度和重要度的基础上开展工作。

其次，赢得时间的形式也大有不同，并购和网罗人才是赢得时间的一个重要手段。企业没必要全部都从头开始建构。要想获得技术就需要大量的时间，所以可以通过并购和网罗人才获得先机，也可以得到各种经营资源，时间可以说是创造事业的"万宝槌"。

如果能赢得更多的时间，并合理地利用赢得的时间，那无论是小企业还是风险投资企业都可以一鼓作气地实现普通事业到达不了的规模和成绩。因此，必须在对照公司现状与未来理想的同时，明确把握哪一部分会成为发展的瓶颈。

（三）信息体系

想要获得竞争优势，就要灵活运用知识资本这类优质的经营资源。在提升速度的同时，需要提供有利于企业独自的知识创造以及能灵活运用的机制，这个机制叫作"知识经营"。

为了推动知识经营，有必要在建构电脑和网络等基础设施的基础上，将从业人员的创造力、行动力、智慧、积蓄在数据库中的知识和信息资料作为"融合资源"使用。因此，安排管理和知识运用的战略负责人很重要。

知识经营并非一步就能实现的。必须要建构出稳固且简洁的机制。从工作流程信息和储存信息两方面去解释它会比较容易理解。

工作流程信息指的是在日常的企业活动中，人与人之间互相交换的信息。

另一方面，储存信息指的则是经过各种形式的加工后保存起来的信息。用生物学来举例的话，前者是在细胞间传递并且刺激活体反应的信息，后者指的是保存在脑海里的记忆等信息。

1. 工作流程信息

关于工作流程信息，要确保的一点是：传递质量较好的信息。更重要的是要完善工作流程信息，完善信息得以及时传达的基础设施。因为基础设施是否完备，在很大程度上能改变企业的生产率和运转速度。大家知道，它的中心其实就是电子邮件。电子邮件曾经是联系、通知他人时使用的工具，现在它是作为下达指示命令、进行意见表决的媒体而被广泛使用的。

2.储存信息

关于储存信息重要的一点是：如何将储存的信息在需要的时候，及时便捷地提取出来。

第1阶段：将信息数字化。将纸质的文件转换为数字化的电子文件。

第2阶段：将信息的保管场所公开化。

第3阶段：灵活运用共享的储存信息。通过及时地自由地获取客户信息、财务数据、开发和生产数据、市场调查等方式提高产出。

第4阶段：不仅要储存第一手资料，也要储存其中所包含的深层信息。做到可以超越空间和时间，不费时不费力地推进事业的发展。另外，推进组织间的互相学习，加快意见表决的速度。

例如，代理促销活动的某个美国风险投资企业，通过储存本公司在运营活动中获得相关信息，使经验尚浅的创业者也可以顺利地建立新提案的机制。

另外，想要灵活地使用储存信息，就要考虑到硬件、分类的方法、保存和更新的规则等各种主要因素。

（四）知识化的步骤

知识化经营一般通过以下几个步骤来实现。

1. 信息的收集

第1步是信息的收集。作为知识来源的信息分为2类。一类是通过事业活动的运作收集到的销售额信息、客户信息、竞争信息等。另一类是利用销售终端体自动收集到的信息。一般来说新事业在初期阶段容易以前者为中心进行信息的收集，但是为了进行信息投资，使用后者所收集到的信息变得很重要。其次，以信息技术为中心的风险投资企业具有从最初就开始收集后者信息的优点。

2. 知识的积累和检索（知识的数据库）

为了充分利用存储的知识，必须要将信息与目的结合起来，便于高效率的检索。为了能够快速且准确地检索信息，有必要建构数据库管理体系，特别是关系型的数据库管理体系。

其次，具有能暂时保管信息和提供信息交流功能的群件（帮助群组协同工作的软件）也发挥着重要的作用。

3. 知识的分析

例如，数据挖掘软件可以从储存的信息中找出数据的规律性，是有用的信息工具。但是，在开创新事业的过程中应用这种工具的分析还很少，常见的大多是个人对假定的验证分析。

4. 知识的流通

在企业内部创造出来的知识应该在企业内部积极地进行流通。广为宣传成功事例是很有效的做法。

管理体系的强化

至此我就硬件方面的管理体系进行了论述，比较理想的是，从某一阶段开始通过系统地强化软件方面的机制，从而建立更强大的机构。接下来，围绕硬件方面与软件方面体系的强化我将做如下说明。

一、硬件管理体系的强化

如前所述，应该结合组织的发展（较理想的是组织先取得发展）调整管理体系，并使之逐渐发展进步。

但是，在诸多要素相互关联的环境下，个人的专业知识显得尤为重要，实际操作起来就更难了。这件事也想做，那件事也想做，反而容易引起混乱。所以我想要强调的是，要意识到优先权问题。仅仅是步骤的先后或是资源分配的优劣都容易造成生产率出现巨大的差别。

在决定优先顺序时，利用"时间上的紧急度"和"重要度"的矩阵是有效的方法。制作矩阵图俯瞰整体情况，可以轻松地把握有效实施的节奏。在此基础上将各要素落实到实施进度表里（进度管理表），并像设定里程碑那样，有计划有目标地开展下去。这样做既有利于进度管理、预算管理和资源管理，从而清楚某个时期形成了怎样的平衡体系，也可以省去一些无用的步骤。

其次，发展到了一定程度，就需要配备可以统率全体硬件体系的负责人了。一般来说负责人是统率联合部门的核心人物。虽说他（她）没必要精通所有的体系，但是在协助下属或外部供应商关系方面会发挥重要的作用，负责人负责调动下属的工作积极性，在使团队保持整体性的同时，构建张弛有度的工作体系。

二、软件管理体系的强化

如本章开头所述，广义上的管理体系并非只停留在硬件管理体系层面。之前论述过的每一个要素都非常重要，但是随着组织规模的扩大，仅凭借硬件管理体系很难提高组织的积极性。

例如，如何完善意见决策机构；如何完善信息工具；如何配备指南手册；如何应对在意见决策和判断企业行为时常常会产生困惑的员工；如何处理客户的抱怨和投诉；工作的重要性、与外部组织的谈判等等。

当然，每次都依赖于领导的判断从道理上来讲是没有任何问题的。但是如果每每都是这样的态度，那权力下放就会毫无意义，也会影响工作的速度。使得领导无法从事更具附加值的工作，也无法将培养人才放在工作的重心。那么整个企业也就无法在严峻的竞争中战斗到最后了。

因此需要我们注意的是，要完善组织软件方面的要素，并给予员工判断企业事业内容方面的标准，同时提高员工们的向心力，使之和企业共同成长。

换言之，管理企业时不是利用命令和硬件体系管理的，而是利用软件方面的要素驱动管理员工。在全球化飞速发展的今天，人们的价值观（工作方式、人生目标）也呈现出多样化，在这样的时代潮流下，软件管理体系的管理方式也需要符合企业员工的多样化。

软件方面的要素包括愿景、使命感、经营理念等。在第1章里我们已经论述了愿景，在这里我就使命感和经营理念进行简单说明。

（一）使命感

指的是组织所拥有的使命感。如果我们认为愿景指的是到达具体的目的地时所看到的"图画"，那么使命感可以说是组织应该发挥的作用、要达到的目的和存在意义。例如，如果有公司将提供安保服务作为自身的事业，那么"努力创造一个可以让全世界的人都安心生活的

274

社会"就是它的使命。

（二）经营理念

经营理念中虽然包含了很多使命感的要素，但是也包含"哲学"和"行为规范"的含义，比较典型的事例是住友集团。住友集团的经营理念之一是：不追求不义之财。这个理念被很多企业效仿，并要求全体员工践行这条"公司的规则"。

例如，利库路特曾经有一条公司规则，即"自己创造机会，并通过机会改变自己"（第3章）。利库路特以这个理念为核心建构了各种各样的硬件管理体系，其企业文化中也充分反映了这个理念，企业上下在追求事业机会时都会非常积极。

顾彼思将这些要素结合起来，并创建了多种良好的循环模式：员工行为→吸引对此行为有好感的新人→强化员工行为；员工行为→积累成功的模式→强化员工行为等，这些良好的循环模式得以顺利运转，从而形成了难被模仿的优良组织。

创造并强化软件要素

从利库路特和京瓷的例子可以看出，只有当上述软件要素与硬件管理体系有机结合，并相辅相成的时候，才能建设完成强大的组织基础设施。顺便说一句，在乐天集团每天8:30都开晨会，类似于"体育会"的

管理机制 ①。在此管理机制的背景下，势必会出现一些临阵退缩的人，但这也是没有办法的事情。"一定程度上出现退休人员是没办法的"——乐天就是采取了这样一种能够强力驱动员工的管理体系才得以成功，这的确是个很好的示例。

那么，怎样创造并强化这些软件要素呢？

不用怀疑，首先领导者自身（特别是风险投资企业）必须集中注意力努力创造出一个理想模型。但是，如果只有领导者在做这件事，那导致的结果就是领导者会变得自以为是，一人独断，从而无法很好地渗透到全体员工中去。

所以说，只有当经营理念和使命感（还有愿景）完全渗透到全体成员中，并且与成员们的行为规范和积极性有所关联时才真正具有意义。因此，在制定阶段就要尽可能地使大多数人（全体人员不行的话，那就是管理层）参与进来，并进行讨论，最终制定完成，我认为这是比较好的办法。在讨论的过程中可以听取成员的不同意见，也会提高成员的接受程度，因为他们自身也参与了进来，所以在制度制定好的同时，其在员工之间的渗透程度已经相当高了。

我们也可以称它为经营体系的革新、管理体系的革新。只有当软件与硬件管理体系有机结合并相辅相成，从而达到了其他公司无法轻易模

---

① 在日本，在中学时代或者大学时代参加过体育社团的学生很受各企业的欢迎。因为在体育社团得到锻炼后的学生具有以下几种特点：尊重师长、绝对服从上级的命令、强烈的集团意识、坚韧的毅力、不屈的精神等。——译者注

仿的状态时，才能实现管理体系的革新。

其次，希望大家意识到管理体系本身并不是目的。管理体系终究只是个工具。因此，在充分理解组织战略的基础上，我们不能忘记要创造具有持续性的竞争优势。反过来说，应该根据企业的战略，适时地选择最为理想的管理体系。

我们也要时常留意该如何把握正确的时机。例如，操作还未进入稳定状态时，即使设定了再细致的关键绩效指标，也不会有什么效果，更别说将它落实到现场了。另外，在人才还未培养成熟的阶段，即使是引进高度的评价体系也只会引起不公平现象的发生。所以优先顺序和时机的选择非常重要。

管理团队

只有组织结构的企业是无法得以顺利运转的。因为无论机构多么好，归根到底只不过是"控制系统"或是"身体的一部分"。给予这辆车动力，并且安装能自动控制车辆的引擎（即管理团队）是驱动汽车前进的必不可少的要素。从这个角度说，我们有时也将管理团队称为"管理引擎"。

事实上，企业组织开发的瓶颈大多数在于管理团队方面。极端地说，如果管理团队坚固可靠，那么即使管理体系的开发速度稍有迟缓，经营也很少发生停滞不前的情况，但如果与此相反，就会出现让人感到困扰的事情。

在这里想提醒大家，作为管理引擎的管理团队并不是像抓拍照片那样静止不动的。"处于运转状态"的各个零件是怎样相互影响的？又是怎样控制整体的？只有弄清楚了这些问题，才能判断出它是否在发挥作用。只有当理解了包含在其中的结构时，才能判断出管理引擎的好坏。

但是，保持静态思考的态度也很重要。我们从最初就必须要了解什么样的零件才是必要的。那首先我们从这里开始讨论吧。

一、管理团队的基本构成

新事业组织发展到一定规模，管理团队必须要有可以发挥5项职能的经营人才。即便是无法接受主体合作服务的风险投资企业，这几点也是必须要做到的。但是没有规定必须是5个人，我们需要的是职能的发挥，而不是人数的多少。

在图表5-3中，希望大家注意到首席财务官的职能。在比较年轻的企业，首席财务官并不只是会计或财务，他（她）作为支撑公司职员发挥职能的支柱，也要负责部分办公室业务和人事业务。也就是说，他要发挥统率硬件管理体系的职能。

不同的企业和行业情况不同，除此之外，还要加上作为第6个和第7

个首席官的 CLO 和 CIO。专业农场和高技术企业中 CLO 和 CIO 的设立比较常见，这些企业和事业都是将"知识"作为竞争优势的来源。

图表 5-3 管理团队必不可少的 5 个"首席官"

名称	必要条件
CEO:Chief Executive Officer（首席执行官）	怀有理想、能站在从客户的角度看待问题，能够持续提供价值的人才
COO:Chief Operating Officer（首席运营官）	可以调动全体组织的人，从外部网罗的属于稀缺资源的人才
CFO:Chief Financial Officer（首席财务官）	作为组织的首席管理人员能够组织监管资金周转和操作的人才
CMO:Chief Marketing Officer（首席市场官）	密切观察市场并关注客户反应的人才
CTO:Chief Technology Officer（首席技术官）	经常监视技术信息，以及适当地吸收新事物的人才

随着事业部门（或者是公司和子公司）数量的增加，在原来5个首席官的基础上，管理团队中还要加入总负责人。

二、优秀的管理团队需要必备的条件

在此我整理了作为一个优秀的管理团队所要具备的条件，如下所示。

（一）具备技能

观察众多风险投资企业会发现，有些企业管理团队成员的技能不足，也就是管理团队不具备5个首席官应该具备的技能。

事实上，因为不具备与发展阶段相符合的首席运营官和首席财务官，所以发生了很多组织运营停滞的情况。风险投资企业的首席执行官中，首席市场官或首席技术官类型的人比较多。他们的兴趣更倾向于市场和技术，而并不关注公司的整体管理和运营。

我们要记住的是：管理体系的运营关键在于首席运营官和首席财务官。管理团队中如果缺少了这二者，就意味着管理团队在很大程度上会陷入职能不全的危机。为了避免这种情况发生，要从早期阶段开始就引进首席运营官和首席财务官的职能。

其次顺便想提醒大家的是，在思考如何充实企业技能的时候，越是处于快速成长的企业，就越要提高能"预见下一步"的技能。

（二）管理团队的目标一致

从某种意义上来说，这点是必备条件。但是即使理想和战略的"方向性"的大致框架一致，也会在"距离感"和"阶段论"上产生很多差异。

也有一种情况是，将理想和战略作为"思考前提"，从而产生了一些差异。例如，大家共同怀有在某领域"要成为第一"的理想，有些成员认为"事业成功的重要原因在于规模，因此有必要在早期就在市场份额中占据第一位"，也有其他成员认为"借助技术力量成为第一是一直以来梦寐以求的，以此这个目标也可以实现自我价值"。由于不同的前提引起的一些问题，虽然当时可能并没有显著地表现出来，但是过不了多久，当经营环境发生变化的时候，可能会引发更大的问题。

想要避免分歧，最重要的就是管理团队内部的交流。成员之间的日常交流，再加上在非现场进行的经营集中培训，一周一次或隔周一次的成员会议，由领导者组织开展的一季度一次或半年一次的目标管理会议等，通过这样较为正式的交流机会，成员之间可以有意识地互相切磋工作方式和感受。

（三）职务责任明确，在自己负责的领域获得信赖

企业通过公开目标管理，可以强化员工的职务分担意识。也就是说，定义每个人基本的职能，同时通过全体员工共享目标管理、制定短期目标，从而让成员更强烈地意识到每个人的职能所在。

比较难做的一点是：每个人都互相拥有信赖关系。因为这点与每个人的技能水平有很大的关系。所以需要领导者引导员工，不要让员工将精力用于"自责或者指责对方完成不了的事情"，也不要产生"互相疗伤"这样消极的情绪，而是要有一种"大家一起共同努力吧"的共同意识。

（四）针对管理团队要有恰当的统治能力

会计体系和人事体系是指引成员的行为向理想方向发展，并支持管理团队发挥监控功能的机构。与其有所不同，外部治理机构有驱动管理

团队向着正确的方向发展的职能，它的目的换言之，就是规范每个员工在企业的行为。

至今为止可以说，很多日本企业都忽视了这个机构的重要性。但是，合理规范的外部治理可以从以下几个侧面给予管理团队支持。

· 作为"监视人"，将管理团队引向正确的发展方向。

· 虽然难于解决员工之间发生的人际关系的问题（特别是领导者）。但是要做到支持管理团队的调整，以及意见决定的实施。

· 提供管理团队所缺少的技术和资源（人际关系网）。

公司内部新事业的情况是上层管理者的控制在起作用，但是在风险投资企业必须要积极地建立这个组织结构。

具体做法之一是从外部引进公司董事。如第4章所述，在接受投资的时候，大多数风险投资企业会面向公司外部派遣董事，董事必须要满足以下几个必要条件。

· 受管理团队成员的信赖。

· 与管理团队之间的利益关系保持一致，理想和理念的方向性没有大的分歧。

· 拥有适当的经营技能以及商务经验。

• 能够抽出时间负责监管。

虽然在现实中有一些不得不妥协的地方，但是过分妥协就会导致形式化。所以我们在执行的时候要注意保持一种平衡感，组建管理团队不是一件容易的事。但是我想指出的是，外部管理团队是否发挥了功能关键要看领导者的"认真做事的程度"和谦虚的做事态度。无论引擎多么强大，如果没有控制它的装置，车也无法很好地跑动起来。如果一辆车只有控制装置完美无缺，那就更谈不上让它跑起来了。只有在两者之间找到平衡，才能让名为"企业组织"的汽车顺利地行驶在路上。

专栏：管理团队陷入职能不全的典型案例

在管理团队的发展过程中常见的失败案例。

一、事业初期的团队就是重量级的

有些风险投资企业在创业后积极地推进职能分工，甚至做得有些过了。比如设置高水平高技能的高层领导（年薪超过1000万日元的首席财务官等）。

像这样重量级的管理成员如果过多，会导致企业的固定费用上涨，超保本点的过程就会变得迟缓，最终导致经营方面的意见决策花费大量时间，事业开发也变得困难起来。

二、超人式的首席执行官会带来适得其反的效果

能力非常高的首席执行官能发挥首席市场官和首席财务官等全部的职能，这对于早期阶段的风险投资企业非常有利。但随着事业的发展，如果没有过渡到集团的管理体制，那首席执行官会变成事业发展期的瓶颈。

三、不合理的职能分工

特别是将科学技术作为发展方式的风险投资企业，由于在开发技术后难以找到合适的客户和市场，所以总是在尝试和错误中摸索前进。但是，如果技术开发和市场的作用分工过于明确，就会损害市场和技术开发之间的联动性。也就是说，顺应市场需求的同时要提供适当的商品和合理的价值。

当然，并没有简单明确的"答案"。必须整合企业的发展阶段和那个阶段的关键成功因素，有效地管理团队并让团队顺利运转下去。

第

6

章

21世纪开展新事业的必备条件

成功的创新事业和风险投资企业在某时发现自己已经变成了平庸无奇的团队组织，这种事例我们经常见到。那该如何避免这样的陷阱，继续创造新事业呢。在本书的最后一章，我们将一起思考21世纪创业的必需条件。

意识到自己的优势、核心竞争力

首先，我们必须认识到自己的优势，并加强它。这是必不可少的条件之一。因为不管是什么样的事业，在没有优势（核心竞争力）的情况下是无法建立具有持续性的竞争优势的。反之，如果你拥有多种优势，将它们相互叠加在一起，那么会得到你所期待的业务发展。

例如，夏普一直将液晶技术作为其强大的核心竞争力之一来扩展业务。该公司第一次研究液晶是在1970年，最初是将液晶用在计算器的显示器上面。当时，液晶虽然具有出色的物理特性，但由于技术开发困难，在海外也没有什么企业积极开发液晶，于是夏普果断地进行了挑战，到1973年实现了液晶的实用化。1987年，夏普推出了第一台液晶电视，面向世界展示了"液晶晶体管"（顺便说一下，以前没有本社开发的阴极射线管一度被认为是夏普电视业务的弱点）。

众所周知，获得优势的夏普公司不断拓展液晶事业，不仅是像液晶电视 AQUOS 和私人电脑 Mebius 这样的本社成品，还积极地向企业销售液晶装置设备等产品。

接下来，让我们看看苹果公司。该公司的核心竞争力在于其设计能力和用户界面。苹果公司利用这一点，研究开发了 PC 音乐播放器 Macintosh 和便携式音乐播放器 iPod，自此苹果在市场上建立了自己的独特地位（图表6-1）。所以认识到自己的优势是必不可少的条件，然后逐步加强它。

图表 6-1 苹果公司利用核心竞争力开发的产品

Apple II	第一个大热卖的产品	1977年
Macintosh	具有创新操作性的 PC	1984年
iMac	设计精良的时髦 PC	1998年
iPod	便携式音乐播放器	2001年
iPhone	手机业务	2007年

在20世纪90年代初期，苹果公司业绩低迷的一个原因是当时未能开发出扎根于核心竞争力的商品。

另外，能很好地利用多个核心竞争力开发新事业的例子有 Seven 银行。伊藤洋华堂集团的本身优势是：强大的进货能力、POS 体系的灵活使用、对顾客需求的敏锐感觉、高度的假设验证能力，以及充实的店铺网络等。

Seven 银行的成功原因在于其具有假设验证的心态，它全面充分地利用集团门店网络，将获利重点集中在获取 ATM 手续费这个商业模式上。Seven 银行运营的大部分业务是国债，它并不打算通过资金运营获得收益。迄今为止，银行都是将信用管理和风险管理作为事业核心，而像 Seven 银行这样也被称为"银行"的企业却采取了如此大胆的、令人匪夷所思的商业模式。

在这里我想强调的一点是，该银行负责人认为："因为我们 Seven 银行已经拥有了如此丰富的网络资源，所以其他银行利用 Seven 银行网络的话，也是有利可图的。"事实上，对于许多银行来说，在自身负担固定成本的情况下经营 ATM 是很困难的。Seven 银行考虑到其他银行和金融企业的需求，缩小了事业发展的范围，并一举取得成功。

另外一点不得不说，那就是对于零售店来说，通过引进 Seven 银行的 ATM，会增加店铺的魅力和便利性。也就是说，同时开展多个事业，促进了经营范围的发展，也会进一步增加自身优势，也许可以说是伊藤洋华堂集团真正的优势所在。

集中几个强大竞争对手的优点，并且能将其灵活运用的企业才能在当今竞争激烈的商业大环境中生存下去。

发展后也要继续保持"冒险精神"

无论是大企业还是风险投资企业，不管发展到什么程度都要保持不断进取的冒险精神。换言之，冒险精神由以下几个要素组成，这些要素构成了"新事业开发精神"，所以如果没有冒险精神就不能进一步开展新事业。

- 怀有好奇心，挑战未知的事物。
- 创造迄今为止还没有被创造出来的事物。
- 积极适当地承担风险。
- 享受挑战。
- 期待自己能够改变社会。
- 作为"承担责任的当事人"，解决所有事情。

固然，想要一直保持以上这些精神不易做到。无论是怎样的组织，随着事业规模的扩大，多少会呈现出保守化、官僚化的趋势。究其原因，可以归纳如下。

- 因为有了"要保护的东西",所以无法进攻。
- 即使不致力于新事物,也可以在某种程度上做到扩展自己的事业。因此会认为比起挑战新事物,什么都不改变所承担的风险会小一点。
- 员工职能岗位增加的结果是,不直接参与到事业中的人增多了(并且那个部门的人往往头脑聪明,拥有很大的发言权)。
- 大企业往往会吸引"大树底下好乘凉"等希望稳定状态的人。

为了保持冒险精神的措施

如何避免这种情况的发生呢?考虑其产生原因,在这里我提出以下几个建议。

(一)将组织保持在小规模

实现许多小企业聚集在一起的状态,而不是形成一个大企业。

以"分权经营"为大家所知的美国强生公司坚信:"与一个动作迟缓的大企业相比,将有实力的若干小组织组合起来,其集合体的力量更加强大。"这个信念如今成了强生公司分权经营的支柱理念。

（二）录用具有创业家精神的员工

这是我基于从入职后的初级技能讲习班开始培养人才的模式想到的。第3章提到的利库路特公司，它不拘泥于应聘者毕业于哪所大学，而是以是否具有"利库路特式的创业家精神"为判断标准录取员工的。

（三）缩小职员的职能

令我们感到意外的是，这的确是个有效的方法。因为伴随着职员职能的扩大，就会滋生公司内部的官僚化。其次，员工中会出现不为客户创造价值，只是"为了工作而工作"的倾向。因此，下定决心缩减工作人员和部门也是保持冒险精神的有效措施。

（四）设立制度，奖励具有冒险精神的人

无论在哪个团队，人们一般都是想着"该怎样做才能获得奖励呢？"而去工作的。

因此，如果想让冒险精神在组织内部发挥持久效力，就必须要设立奖励员工的机制（如评价、奖励、认可等）。

其次，在设定事业目标时，要设定发扬冒险精神的目标。3M 公司"利用近三年生产的新商品使销售额提高了40%"，这可以说是实施此措施的典型。

（五）领导者要以身作则

归根结底，最重要的还是领导者自身的言行举止和做事风格。如果领导者属于保守类型，那就没办法让员工发扬冒险精神。

此外，领导者不仅要具有奋勇向前的冒险精神，还必须要将这种精神付诸实践中。

吸收多样性

密歇根大学教授斯科特·佩奇在《为什么具有多样性的意见是正确的？》一书中这样写道："多样性胜过一个人拥有的能力。"

那么，为什么会出现"多样性胜过能力"的现象呢。其最重要的根源在于"工具数量的多样"。这里说的工具包括观点、思维习惯、说明、预测原型等。也就是说，多样化的人聚集在一起，看待事物的方式和解决问题的工具就会增加，因此，能正确解决问题的可能性就会提高。

例如，新手顾问并不比客户更了解现场情况，所以看起来根本不可能创造出价值。但是，随着新的"工具"的出现，所在团队更有可能找到更好的解决方案。

让我们来看一个为大家熟知的例子。第二次世界大战期间，某个国家为了破译密码，召集了数学家、语言学家、文学家、填字游戏制作者等拥有多种"语言工具"的人们。这个密码是有6个假名的日语，第5个假名是"や"。这会是哪个单词呢？想一下就会明白，要解决这样的问题，多人合作远比一两个人在一起思考更有效。这就是"增加工具"的价值所在。

现在处于一个复杂的时代。政府鼓励女性进入社会、重新雇佣老年人、雇佣残疾人士、运用 IT 技术加快"开放式创新"。可以毫不夸张地说，如果一家公司不具有多样化的优势，那它将无法得到社会大众的客观评价，竞争力也无法持续下去。

具体说来，我们该如何将多样性融入组织呢？

第1点，不应将多样性视为组织的障碍，而是将其视为一种驱动力。

第2点，尊重个人的价值观、能力、感受能力和人生观。 如果做不到尊重，就无法有效地利用具有多样性的个体。然而，这并不意味着你在不做任何判断的情况下，就可以将各种价值观带进组织里。一个组织应该有所有人都认同的愿景或管理理念（参照第1章、第3章和第5章）。在共享这些价值观的基础上，最大限度地尊重个体差异、互相尊重，这才是管理多样化团队的关键。

第3点，应该通过员工之间开诚布公的交流获得共鸣，并将这些共鸣当作共事的前提基础。如今的时代，只要有能力和远见，就可以不受组织和社会的束缚，追求自己的价值观。在这样的时代，价值观上的共鸣（或者与不同价值观的共同作用）以及为对方提供有吸引力的价值和功能的独创性，才是组织管理的最大亮点。

但是，要实现这一点，个人必须要摆脱依赖组织的意识，从中独立出来，要培养自己坚定的人生观和世界观。

此外，我们要在学会逻辑思维的同时，努力提高沟通能力和演讲能力。这对每个人来说都是一项挑战。一般的日本人并不擅长这些。可是在今后的时代，日本人的工作对象不一定就是日本人。

在未来的商业社会中，人类的生活方式、个人价值观和人生观将不断受到周围人的质疑。正是在这种关头，我们需要有这样一个清晰的理念。那就是：我做的这项事业要为这个社会做出应有的贡献。我认为这是发挥多样性组织作用的第1步。

建构"不断变化"的组织结构

"不断变化"的组织结构和"不断衰落"的组织结构之间的区别是什么？如果用一句话来表达就是我们能否适应环境的变化。换句话说就是"我们能否做到始终领先于时代，并随着时代的变化不断做出改变"。

今天是强者不意味着明天还是强者。环境变化中的适者生存原理在商业世界也同样适用。也就是说，正是因为这个才有了企业变革的必要性。

下面我将环境变化的适应性分为3个层面来论述（图表6-2）。

第1级：建立新的目标和制定战略，以便随着环境的变化而做出改变，最终取得胜利。

第2级：执行已制定的战略，包括重组团队、改革人事制度和 BPR（业务流程和管理企业流程再造）。

第3级：注重员工的意识和其行为的价值观、信念、行为准则，将它们的集合体与组织文化、新的战略、机制相结合。

图表 6-2 企业对环境变化的适应

环境变化前	第1级	第2级	第3级
以往的环境	新环境	新环境	新环境
	适应	适应	适应
以往的目标和战略	新目标·新战略	新目标·新战略	新目标·新战略
以往的组织结构管理体系	以往的组织结构管理体系	新的组织结构管理体系	新的组织结构管理体系
以往的意识、行为、组织文化	以往的意识、行为、组织文化	以往的意识、行为、组织文化	新的意识、行为、组织文化

一、硬件的变革与软件的变革

需要注意的是，在变革过程中最大的考验是第3级。

当我们谈到变革这个话题的时候，经常会听到这样的话："我们制定了一个伟大的战略，但没有人真正愿意去尝试。""我们引进了一个新的系统，但是没有人操作，最后不了了之。"第1级和第2级的执行需要利用公司内部的企划人员和外部顾问，并在管理层的直接控制下进行。

然而，要改变每个员工的意识和行为，领导者需要在第3级付出更多的努力，当然这并非一件易事。

人的意识、行动、组织文化属于软件内容，因此很难识别并使之发生改变，实行起来也有困难，所以常常会被抛在脑后。但是，无论制定出多么优秀的战略，如果不做出改变，不实施这些战略，不发挥我们的主体意识，那么这些战略终究只是天方夜谭，不会为我们带来任何成就。

我们要牢记，真正的变革只有在实现硬性改革加上软性改革之后才能完成。

二、决胜21世纪的条件：创造具有自律性的革新组织

改革的必要性在于商业环境发生了变化，那么改革的目标又是什么呢？

环境的变化是引起变革的导火索，我们在此重申一下这个导火索的特点。

战后日本企业的繁荣，是在市场持续扩大的情况下，通过提供低廉高质的劳动力、高质量的商品实现的。直到20世纪90年代初的泡沫经济崩溃之前，许多日本人一直在过去的代表社会繁荣的延伸线上描绘着自己的前景。但是在过去的十几年里，日本社会的潮流发生了很大的变化。日本人进入了一个无法预测未来的时代（图表6-3）。

21世纪拉开了一个"多样""瞬息万变"和拥有"不确定的未来"的时代序幕。日本国内政治和行政改革、国际政治和社会的萧条、低速的经济增长、信息技术创新、低出生率、老龄化和环境保护的制约，以及市场和客户需求、激烈的竞争、公司人员构成等种种企业内外环境，其中任何一个都会有多样而迅速的变化，伴随着的是这些内外环境的方向也会变得不确定起来。

图表 6-3 不断变化的经营环境和应该存在的组织

以往　　　　　　　　　　将来

经营环境

- 可以预测
- 缓慢的变化
- 多样性小

- 不确定性较大
- 变化速度较快
- 多样性大

过去的延长线上有未来　　过去的延长线上没有未来

竞争力的关键

以计划管理型组织为主的时代　　以自主性革新组织为主的时代

硬件（例如战略计划）
可以看见的资产（金钱、土地……）

软件（例如战略性思考）
看不见的资产（人、智慧……）

在21世纪，即使能够制定出良好的战略并付诸实践，在这种情况下也不能掉以轻心。因为如果不能迅速适应环境的变化，之后可能会发生经营危机。

我们需要做到针对不断变化的环境修改自己的目标和战略，并具有将它积极落实于行动的执行力。也就是说，这个社会需要的是有超强"应变能力"的组织。我们称这样的组织为"具有自主性的革新组织"。

三、自主性革新组织中的个人

建立自主型革新组织的关键在于从属于组织的每个成员。他们必须是"活跃的个体"，是能够积极思考、具有判断能力和自我完善能力的人，他们能够适应变化，并能够在变化中使自己得到成长。如果组织中的每个人都是"活跃的个体"，那么任何环境变化他们都可以灵活应对。

这个组织的目标是，通过成员个人的学习和自主行动，有能力将组织转变为自主性革新组织。总之，这种不断学习、不断地进行自我变革、能够自主运转的做事风格会像基因一样被植入到组织中的。

为此，企业除了在管理层的领导带领下进行诸如战略、组织结构和管理系统等硬性改革之外，还必须采取鼓励软性变革的举措。最重要的一点是，软件变革决定了自主性革新组织的基因。

四、创造自主性革新组织的关键

为了创造自主性革新组织，我们需要做些什么呢？结合风险资本管理和人才组织开发等支援企业变革项目的经验，我想指出以下3点需要大家注意的重要事项。

（一）独立

第1点，构成组织的个人是独立的。

个人独立可以促进组织发挥自身能力。"自立"意味着兼备了自觉主动地开展工作的"能力"和"气概"。

例如，佳能公司实行独立经营，并划清了与西方式经营方式的界限，佳能自创业以来提倡员工发扬"三自精神"，现在已经成为公司的行动指南，并渗透到了每位员工当中。"三自精神"指的是自发（在任何事情上采取积极行动）、自治（严格管理自己）、自觉（意识到自己所处的位置、角色和处境）三个方面。

据悉，为了向员工传达这种精神，总经理（现任总裁）御手洗冨士夫每年召集数百名干部进行培训演讲，并每年巡回佳能的所有办公场所，与第一线的员工谈话。可以说，佳能公司之所以强大，是因为这种精神已经渗透到了每个独立的个体中。

（二）经营理念和愿景的共享

第2点，具备一定能力和气魄的人要在自己的目标和公司提出的经营理念之间找到切入点，并为实现它做出努力。

这需要个人将自己的能力集中到实现组织目标上，并在实践中发挥作用。也就是说，个人的意愿要与组织目标保持一致，个人的力量要转化成为组织的力量。

（三）相互作用

最后，每个人要通过与他人的各种方式的互动，反复自问。

员工通过互相提问，反省自己、发现自己的弱点，从而有意识地改变自己。像这样的行动积累使整个组织都会产生变革的力量。

例如，伊藤忠商事董事长丹羽宇一郎在担任集团董事长期间，放弃了自己的全额工资，并以放弃私心的经营方式为大家所知。他为了推进集团改革，会召开1000人规模的非日常大会。在这样的场合，董事长和参加者直接交换意见进行公开交流，参加者之间的对话，以及参加者向同事传达会议情况的波及效应，可以说形成了一连串的连锁反应，对于集团来说，这种连锁反应是进行自我变革的巨大推动力。

图表 6-4 实现自主性变革组织的 3 个阶段

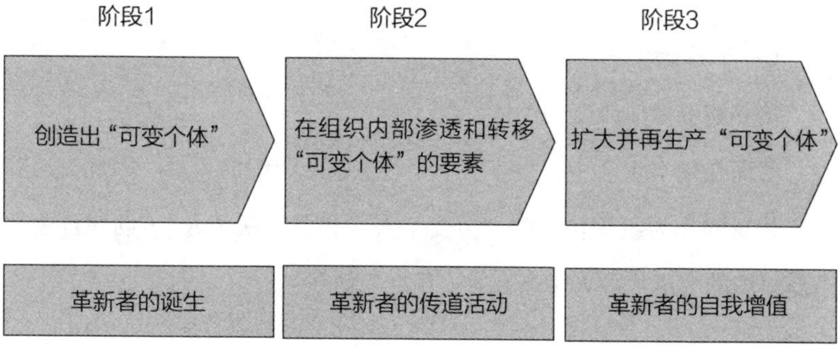

阶段1   阶段2   阶段3

创造出"可变个体" → 在组织内部渗透和转移"可变个体"的要素 → 扩大并再生产"可变个体"

革新者的诞生   革新者的传道活动   革新者的自我增值

五、实现自主性革新组织的方法

要想建立一个自主型的革新组织，我们应该采取什么样的方法改革企业呢？如图表6-4所示，我认为可以分为3个步骤来思考这个问题。

首先，鼓励个人独立，有意识地对员工进行能力开发并帮助他们积累成功体验是非常重要的。

其次，在共享经营理念和理想的问题上，不仅要面向员工表达出来，并要获得他们的理解。除此以外，还要大胆地扩大他们的权限，在以信赖为基础的组织运营中，向独立的个人提供让他们能最大限度发挥作用的环境。

在与企业内员工互动的过程中，不断地为不同类型的人提供自由讨论的空间也是很重要的。

（一）第1步

培养能够做出改变的个体。

然而在现实生活中，很难一下子改变整个组织的人员。因此，培养一定数量的作为组织核心的"可变个人"和"活跃个人"（创建自主性革新组织的变革代理人）是有效途径之一。

（二）第2步

让能产生改变的DNA渗透到组织的某些成员中，并逐渐扩大到整个组织。

第1步中的"可变个人"在组织中很活跃。如何让他们成为组织的传教士？如何让他们影响周围的人？如何让他们启发其他成员？这些都是我们的重要课题。

（三）第3步

最后要做的就是让这个过程进行扩大再生产。

一直以来"可变个体"都是属于少数派的，随着组织内部友军的增加，他们的势力也会逐渐增加。当"可变个体"超过一定比例时，他们之间发生的化学反应就会迅速传播到组织中，在超过一定比例的临界点后会得到迅速发展。

这就需要我们建立一种具有持续性的机制，以确保扩大和再生产的趋势不会是暂时性的，并将这种机制内在化，将它发展为一种组织文化。领导者必须带头创造出"不断的改变才是理所当然的"和"赞赏能做出改变的人"的文化。

LIFENET 人寿保险的事业计划

成立于2008年5月的 LIFENET 人寿保险公司，作为一家独具特色的保险公司受到了广泛的关注，其产品内容也获得了外界高度的评价。

那么，该公司是如何诞生的？其奋斗目标又是什么？岩濑大辅先生是公司的创始成员之一，现在也担任着董事会副社长一职，他回答了我们以上的提问，同时还介绍了对于公司商业计划的想法，从中我们或许可以得到关于开发新事业的有益启发。

此外，本书还节选了该公司在实际制定商业计划书时的内容，这些内容主要与市场分析和经营战略有关。

一、日本 LIFENET 人寿保险

公司创立于2006年，本着为客户提供方便、提供让客户易理解接受的保险产品、提供高品质人寿保险服务的理念，以网络为主要渠道，销售新型的人寿保险产品。该公司2009年荣获《周刊钻石》杂志评选的"专业人士最想购买的保险 NO.1"的称号，以及《日经 Veritas》评选的"保险行业专业人士最想购买的意外人身伤害保险第1名"的称号。

二、岩濑大辅

LIFENET 人寿保险公司的副社长、董事。大学期间通过司法考试，1998年毕业于东京大学法学部。曾供职于波士顿咨询顾问公司东京事务所、里普伍德日本有限公司、旭科技有限公司，2006年毕业于哈佛大学经营研究生院，以全校排名前5%的优异成绩当选为 Baker Scholar（时隔14年当选的第4个日本人），同年创立了 NETLIFE 企划公司。

访谈录

一、行政引导"殷切"的人寿保险行业

人寿保险和银行相同，因为都属于许可证制的行业，因此必须获得内阁首相的许可。我们是日本第44家人寿保险公司。

日本的保险费费率在2006年4月之前完全是由财政部制定的，银行的利率也曾经由政府决定，证券的交易手续费也同样如此，虽然在金融危机之后逐渐自由化，但人寿保险的保险费仍然仅仅是部分自由化，政府当局对保险费的掌控依旧有很大的影响力。

仔细想想，我觉得这是一件不可思议的事。因为如果将"自由竞争、价格由市场需要决定、弱者被淘汰、尽管竞争的效率化逐渐提高，但仍然会出现新型产业"这一系列的市场形态看作资本主义的本质的话，那

么入行限制和利率限制迄今为止仍然存在于人寿保险行业中，这难道不是一件很奇怪的事吗？

当然，从这个行业具有的公共性和安全性的角度来看，不能全盘否定限制的存在，但我认为这种限制对于行业的影响是巨大的。顺便说一句，听说在欧美国家，保险行业的入行限制和利率限制是没有这么严厉的，或者说他们只是针对资本家进入保险行业之后有所限制，比如看资本家是否累积了责任储备金这种有关经营稳定性的资金储备。

二、成员出身于不同年代的、新旧经验相对平衡的经营团队

本公司的常务董事有4人，成员构成非常均衡且有趣。社长是出口治明，正如媒体所报道的那样，他已经61岁高龄了，被誉为"花甲之年的风险投资家"。在整个日本社会生命力最旺盛的时期，他积累了丰富的工作经验。中田华寿子曾担任星巴克的广告部部长和执行委员，也是市场营销领域的专业人士。大西又裕出身于财政部，她曾是从事保险行政的专业行政人员。就这样，我们这4位分别是30多岁、40多岁、50多岁、60多岁的人组成了公司的经营团队，这也是本公司的特色之一。

公司成立的时候，为了向外界传达我们的想法，我们用宣言的形式概括了企业理念："当人们忧心忡忡急于寻求帮助的时候，我们会伸出援手。"每位公司员工的心中时刻铭记着这个宣言，我们不会忘记自己和每一位顾客一样，都是生活在这个世界上的人，所以我们只做能够让

我们充满自信地向朋友和家人那些重要的人推荐的产品。这就是公司最初作为"公约"的理念。

三、符合风险投资成功的条件"3+1"

创立这家公司之前我在美国留学，当时研究了200多例关于企业家精神的案例，从中学到的一条就是"新风投成功需要具备的3个条件"，这是由 Intuit 家用财务软件的创始人提出的。

第1个，"服务对象是针对所有人的所有行为"，也就是说，要将整个广阔的市场作为提供服务的对象。第2个，"察觉到让顾客感到不方便或是有些痛苦的事情"。第3个，"能够提供解决痛苦的不同方案"。有了这3个条件，新的风险投资就有了能大展身手的土壤。

回国之后，当我听说人寿保险行业的时候，就觉得它完全符合这3个条件。首先，这是一个非常庞大的行业；其次，这个行业里还存在着很严重的低效现象，客户的需求没有完全得到满足；最后，当社会环境和技术发生变化时，我们能够为客户提供解决痛苦和烦恼的方案。

除此之外，还有一个在美国的例子中没有出现过的条件，这算是第4个条件，就是由于某种限制，进入该行业的门槛非常高。门槛高就意味着创业者在进入这一行业之前需要耗费巨大的心力，但在进入之后就会非常顺利了。

四、1年45兆日元的巨大市场

人寿保险的保险费收入非常高，仅普通人寿保险1年就有28兆日元，加上简易人寿保险和企业保险，1年的收入高达45兆日元。这是流通数量，而不是库存数量，也就是说每年人们支付45兆日元用于购买人身保险。

可能因为这个数字太大了，所以大家没有什么概念，那么我来举例说明。

比如说日本的GDP是500兆日元，其中不到十分之一进入了人寿保险行业；零售业整体的GDP是133兆日元，相当于三分之一的金额被用来支付人寿保险的险费；另外，日本的IT行业硬件和软件加在一起的GDP是12兆日元，人寿保险行业的市场则是这个金额的4倍。我们不难看出，这的确是一笔非常巨大的金额。

如今在日本1个家庭1年的保险费和经济发展的巅峰相比，确实有很大的减少，但尽管如此1年也有53万日元，20年、30年累积下来也会到1000万~1500万日元，因此我们说这个市场非常大。普通的人寿保险1年28兆日元的市场现在由44家（在我们公司成立之前由大约40家）公司分担。像这样每个公司拥有7000亿日元市场的状态，我从来都没有见过。

事实上在成立这家公司的时候，我和出口先生都曾经向一些投资家求教过，当时我的商业计划是做汽车保险行业，汽车保险大概有4000亿日元的市场，我当时认为这是一个非常大的市场，所以向投资家们说明了对此项事业的未来展望。但之后出口先生向大家展示的人寿保险的商业计划则是45兆日元，这几乎是汽车保险行业的100倍，于是我自认不如，决定进军人寿保险行业。

五、高昂的人身意外伤害保险是日本人寿保险商品的特点

下面我们来看一下日本保险产品的特点。以某公司的代表保险商品为例，如果保险费从30岁开始缴纳，那每个月1.7万日元，40岁时为3万日元，50岁时为5.6万日元，30年的保费总计将超过1200万日元。但是究竟多少人理解用1200万日元买来的商品其包含的内容到底是什么呢？我对此深表疑惑。

日本的人寿保险产品不仅数额大，还有另一个特征，即身故保障产品的销量很大。就每个人的身故保障金额来说，日本大约是1600万日元，美国大约是600万日元，英国和德国是200万~300万日元。另外，相同的保险在日本需要缴纳的保费也很高，从"1000万日元的10年定期保险"这个险种在30岁时交的保费来看，英国只需要1000日元左右，而日本则要高达2000日元。和其他国家相比我们可以看到，日本人确确实实支付了高昂的保险费。

因为在公共保障方面日本和其他国家的确存在很多差异，仅凭这些数字我不能去评价什么，但至少可以说明在日本有非常多的人加入了身故保障险种，并支付了巨额的保费。

六、保险公司收取30%~60%的手续费

2004年11月7日的《日本经济报》登载了一篇名为《人寿保险基础之路①人寿保险费如何制定？——贵得出奇的"手续费"》的报道，该报道罗列了保费中有多少用于支付保险金，又有多少变成了手续费和保险公司的经费。从这篇报道举的实例来看，支付的保费中实际用于保险金的份额只有40%，剩下的60%都作为手续费被保险公司收入囊中，即使是收益较少的保险公司也能赚取35%的手续费。

当然也有毛利润在30%~60%的产品，但是投资信托的手续费只有百分之几。虽然纯粹的储蓄产品和保险产品在销售成本上有差异，无法进行单纯的比较，但是就一般情况来看，保险商品的手续费盈利多的现象普遍存在。有人说"人寿保险是赢率最小的赌博""和彩票、赛马、老虎机相比，人寿保险的庄家抽取的部分太大了"。如果仅仅从手续费来看的话，不见得这种说法就是错误的。

那么究竟为什么日本的人寿保险手续费如此之高呢？为什么买身故保险的日本人那么多呢？日本、美国、英国、法国是世界上的人寿保险大国，其中英国和法国是银行或者独立财政顾问向国民推销保险。他们因为坐拥多种保险产品，所以销售某种特定产品的能力不强，成本也非常小，他们的主打产品是储蓄类和投资信托类产品，就算从客人那里收取了100万日元的保费，实际能赚取的手续费最多只有3%~5%。

而在日本，每个公司都有一个专属的销售人员，他们的销售能力很

强，因此维持销售的成本也很高，所以同样是收了客人100万日元，和手续费只有几万日元的产品比起来，销售能够抽取30%~60%手续费的保险产品激励力度是非常大的。因此才造成了日本目前的这种情况，即身故保险投保量巨大，保险公司收取高昂手续费的局面。

其实在1970年之前，日本和美国、英国的人均身故保险的比例没有如此大的差别，但之后随着日本不断扩大国民保障范围，身故保险逐渐从养老保险这种具有较强储蓄性的商品变成了保障性强的、定期支付的、像终身险一样的产品。除此之外，据说日本在职的保险产品销售人员在1年内有一半会离职，专属人寿保险的销售人员在顶峰期曾高达50万人，如今只剩下25万人。对保险产品销售人员进行的问卷调查结果显示，有近40%的人回答"现在想立即辞职"，近20%的人回答"最近想辞职"。销售人员的成本、员工录用成本、研修教育成本、管理成本等统统都加在了保险费中，这是目前日本保险行业的现状。

七、让人难以理解的人寿保险产品内容

人寿保险产品还有一个特点就是具有复杂性，除了定期支付的终身型之外，还有递减型、递增型、收入保障……总之有很多种。一开始我也很难理解这些，但是保险本来就不应该是复杂的，比如我们在买汽车保险的时候，几乎没有人会找咨询顾问，因为一般大家都知道该买多少、得多少。

我认为人寿保险大体上只需要3种。第1种是发生了紧急情况时留给亲人的保障，即"身故保障"。第2种是生病受伤的时候住院和做手术的保障，即"医疗保障"。第3种就是为自己将来的人生做准备的"生存保障"。

但是如果将这3种人寿保险的产品进行组合，就会衍生出比较复杂的产品。我发现很多人在不知道自己投了什么保的情况下支付了保险费用。

之前介绍的《日本经济报》的报道里也提到过，相同功能的保险商品中最高的是8000日元，最低的也要5000日元，因为人们抱着"保险在哪儿买都一样"的想法，如果每个月多交3000日元，那一年下来就要多支付3.6万日元。人们往往会忽视保险产品价格的差异，所以即便是功能几乎一样的产品，10年算下来也会有36万日元的价格差。

购买了便宜的险种还好，然而用高昂的价格买保险的人不一定能认识到自己需要获得的是与价格等值的附加价值。

八、人们的质疑：传统的商业模式是否有必要存续下去

从美国定期保险的保险费变迁史来看，1997年到2007年的10年间，"身体情况健康人员"的保险费从400美元降至200美元。连高血压、高胆固醇的"身体情况普通人员"的保费也从600美元降至450美元。

我并不是说保险费越低越好，只是对于客户来说，便宜当然是最好的。因为保险不过是人生规避风险而需要付出的成本而已。

保险行业的竞争过于激烈可能会带来很多问题，但至少在美国，竞

争是围绕着保险费下调进行的，然而在日本直到前段日子，连保险费下调的竞争都不曾出现过。

或许我的话听上去像是在批评这个、批评那个，但我并没有想要批判这个行业的意思，我认为日本的人寿保险行业是在战后50年间大获成功的行业代表，也是我国社会经济的象征。

随着战后经济的高速发展，日本出现了被称为"一亿人皆为中产"的工薪阶层，针对这一中产阶级，保险公司的销售团队提供了储蓄和保障式的保险。同时，国家财政部对人寿保险公司进行了行政指导，对具有战略性的产业进行了融资。在这种形势下，日本在自身发展的过程中对国际资本市场也产生了巨大的影响力。

利率高意味着保险费用高，今后拿到的保费也高，所以人们对于这一点并不太介意。人口的增加导致市场本身扩大了，人们的平均寿命延长也会逐步降低保险费。另外，因为日本社会存在着广大的家庭主妇群体，某种程度的保障就变成了人们生活的必需品，同时涌现出大量的推销人寿保险的女性后备军，越来越多的人想做保险销售的工作，因此当时整体的大环境对日本的保险业发展是非常有利的。

然而好景不长，随着泡沫经济的瓦解，保险行业也备受打击，进入了"零利率"时代，许多人寿保险公司关闭了海外的分公司回到了国内，比如龙头企业日生保险曾在全世界范围内都设有自己的分公司，但如今销售额的99%都在国内，与日本的保险企业相反，英美法等国的保险领军企业的业绩有40%~50%在本国以外的国家和地区。

以上的这些状况代表了我国人寿保险行业的现状。尽管大环境发生了180度的大转变，人们开始质疑是否要将传统的商业模式持续下去，但行业还是没能够从曾经大获成功的模式上完成结构性的转变，仍然处在过渡期中，这一点是令人非常头痛的。

九、复兴"互助模式"的想法

因此，我们有个想法就是复兴"互助模式"。在这个世界上，互助是美德，每个人都需要帮助。在我看来帮助有3种形式，即自己帮助自己的自助、来源于国家的公助、相互帮助的互助。

然而自助这种形式在格差社会（阶层固化、贫富差距日益扩大的社会）中越来越难实现，公助也会由于国家财政紧张让人指望不上，作为支持互助的保险公司由于拒绝支付保障金等原因也会令人对将来产生不安。在这种背景下，我们怀着带来新型竞争以期能够复兴"互助模式"的想法，创立了新公司。

如前已经反复提到，我们有理由相信从中长期来看我们的公司绝对会获得成功。首先我们面对的是拥有45兆日元的巨大市场，其中的1%在网上买人寿保险的话，那我们就有4500亿日元的市场。另外一个原因是出于客户对现状的不满，高昂的保险费和手续费体系以及甚至可以称得上是过度保障的身故保障，再加上产品内容复杂让人难以理解等等，在这些情况下我们如果能够提供解决这些问题的方案就一定会成功。

还有就是能够有力推进大环境变化。2006年4月行业法的修改、银行窗口销售保险的解禁、简单保险民营化、未经许可的合作废除……在许多因素的共同作用下，行业的结构势必会发生转变。最后就是进入行业的高门槛了，我们为了获得营业许可证也着实费了不少工夫。

　　虽然为了突出重点、方便大家理解，我们一直用"网络人寿保险"来进行说明，但其实从本质上来说网络并不重要，因为如今的网络是用来解决客户的各种不满、高成本的性质或募集时确切的信息是否具备判断标准等问题的，在网上卖不出去的话，也可以用普通的销售渠道，总之就是要站在客户的立场上看待问题解决问题。

　　出口先生选择了我这样一个行业新人做合伙人的原因就是"用一种再普通不过的感觉创立一家新公司"，这也是我唯一的信念支撑。

＊ ＊ ＊

　　以上是对股东的采访，虽然其中关于如何贴近客户、收益性如何等详细的内容有很多，但中心还是笔者说的那个很长的故事。

　　一个对冲基金的投资家曾经说过："这是对一个领域的投资。投资人寿保险行业将会发生巨大的变革，如果要说其中哪个公司好的话那就是你们公司了。"也就是想让大家意识到行业风云变幻之时其实暗藏着一些获得新机遇的机会。

**LIFENET 人寿保险株式会社
事业计划**

梗概

1. 公司概要

2. 对新型人寿保险有需求的市场环境

3. 设立新公司的基本理念、战略

1. 公司概要

319

NETLIFE 企划株式会社的概要（开业前 2008 年 1 月）

设立年份： 2006年10月23日
所在地： 东京都千代田区麹町2丁目14番地2号 麹町 NK 大楼5F
公司代表： 出口治明
注册资本： 80亿日元 / 包含资本准备金（2008年1月）

股东：
Monex Beans 集团	6250股份	（25%）
飞鸟资产经营管理有限公司	6250股份	（25%）
三井物产株式会社	4800股份	（19%）
株式会社新生银行	3250股份	（13%）
Seven&I Holdings	3250股份	（13%）
株式会社利库路特	1250股份	（5%）

事业内容： 将网络作为主要的交易渠道，销售新型产品的人寿保险公司
企业愿景： 回到保险行业的原点，运用最高端的 IT 技术，向客户提供便捷的人寿保险产品和服务，给45兆日元的人寿保险行业带来新的可能

新公司董事的略历（开业前 2008 年 1 月时的董事会构成）

董事长 出口治明
2006年受到资金支援设立了日本 NETLIFE 企划公司。1972年毕业于京都大学法学部，毕业后进入日本人寿保险相互公司，先后在企划部和财务企划部负责销售企划的工作。进入日本兴业银行后，作为人寿保险协会首位财务规划专门委员会会长，参与国家金融制度改革和保险业法的修订工作。后担任日本人寿保险公司派驻伦敦法人代表、总裁、国际业务部部长。1995年开始作为公司的国际业务部长负责开展海外业务并进驻中国。1998年成为公司的公务部长。2005年辞去日本生命公司的职务，之后进入东京大学担任校长顾问。2006年开始在早稻田大学担任讲师。著有《人寿保险入门》等

副董事长 野上宪一
2006年作为精算师参与 NETLIFE 企划公司的事业规划。1982年毕业于京都大学理学部。1982年进入日本人寿保险相互公司。先后在会计部和收益管理部负责收益计划和财务、税务的工作。后来在调查部参与财政部的商品认可申请业务。1995年开始任公司驻苏黎世人寿保险日本事务所代表一职。之后取得了事业许可证并设立了新公司，是我国人寿保险事业的先锋人物。1996年在苏黎世作为生命日本分公司的代表任职。2004年成为日本 Private 的社长，开设了自己的网页，获得日本经济报和朝日报纸的高度评价。自2006年起任大阪大学研究生院讲师一职（数学）

320

副董事长 岩濑大辅

2006年设立日本 NETLIFE 企划公司。1998年毕业后，先后在波士顿咨询公司、ICG、RHG 工作过。参与过金融、通讯、电子工学、演艺等一流企业的事业企划。2001年，进入日本里伍德保险公司。在此公司参与了1200亿日元的私人股权投资基金项目，负责企业收购和再造企业。2003年进入投资公司之一的旭化成（东证一部上市公司）兼任社外董事。1997年在东京大学法学系读书期间就通过了司法考试。1998年毕业于东京大学法学部。2006年毕业于哈佛大学研究生院经营学专业，以全校排名前5%的优异成绩当选为 Baker Scholar（时隔14年当选的第4个日本人）

董事 大西又裕

1974年毕业于京都大学法学部。2007年参与 NETLIFE 企划公司的事业项目。1974年进入财政部工作。先后在银行、证券局、国税厅、经济企划厅（现内阁府）、外务省、JETRO 加拿大办事处等地工作。参与了银行局的保险行业法修正、国税厅审理室的不良债权处理问题项目、经济企划厅的经济计划等工作内容。著有《会计制度改革的全部》（日本经济报）、《企业会计决算公开和税制的未来》（金融研修研究中心）等

2. 新型人寿保险所需的市场环境

人寿保险的一年收入约为45兆日元，这是一个相当于每个家庭每年要支付的
保险费为54万日元的巨大市场

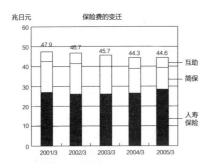

兆日元　　　保险费的变迁

互助
简保
人寿
保险

平均每个家庭的购买保险情况

· 普及率：约90%

· 月付保险费：45000日元

·（一年54万日元、占年收入的9%）

· 保障额：满期保险金1000万日元、死亡保险
金3700万日元、住院补贴金（1日）2万日元

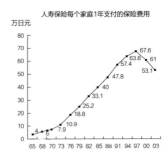

人寿保险每个家庭1年支付的保险费用

万日元

（保险额逐渐减少的背景）

长期的经济不景气导致家庭支出的收紧

保险公司接二连三的倒闭，造成人们开始不信赖保险公司

消费者的需求变化：从购买高额的死亡保险转向购买医疗
保险等便宜险种

· 少子化高龄化现象的加剧

· 社会保险因负担沉重所面临的困境

从国际上来看，日本的人寿保险的特征在于高保障金与高保费

人均保障金和保障金总额在 GDP 中的倍率

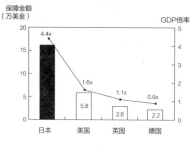

数据来源：日本人寿保险公司基础研究报告（2003.4）

日美欧定期保险的对比（如果存1000万日元10年定期，30岁男性的月付保险费）

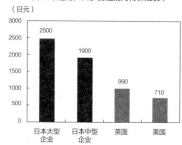

数据来源：每日报纸早刊（2001.8.5）

每人的保障金额是其他国家的3~6倍

日本征收了高出其他国家几倍的高额保险费·造成日本特有的高成本销售渠道的原因

高成本体系的女性销售渠道是日本人寿保险行业的特点

括号内为2004年的保险费排名	日本（2）	美国（1）	英国（3）	法国（4）
卖家	销售人员	保险合作代理店	独立 FP	银行
卖家维持经营的所需成本	大	中	小	小
产品	死亡保险（手续费高）	401K 企业医疗保险 死亡保险	投资信托类的产品	储蓄保险（手续费低）
卖家代理的对象	保险公司	顾客	顾客	顾客
对比信息	不需要	必需	必需	必需
商业模式	制造销售一体模式	混合模式	制造销售分离模式	制造销售分离模式

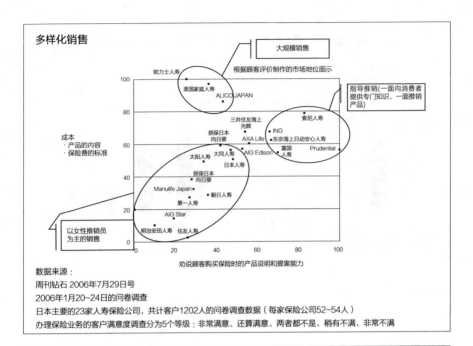

多样化销售

大规模销售

根据顾客评价制作的市场地位图示

指导推销(一面向消费者提供专门知识,一面推销产品)

成本
· 产品的内容
· 保险费的标准

以女性推销员为主的销售

劝说顾客购买保险时的产品说明和提案能力

图中标注(纵轴成本 0~100):
- 欧力士人寿
- 美国家庭人寿
- ALICO JAPAN
- 三井住友海上光辉
- 损保日本向日葵
- AXA Life
- ING
- 索尼人寿
- 东京海上日动安心人寿
- 富国人寿
- Prudential
- 太阳人寿
- 大同人寿
- AIG Edison
- 损保日本向日葵
- 日本人寿
- Manulife Japan
- 朝日人寿
- 第一人寿
- AIG Star
- 明治安田人寿
- 住友人寿

数据来源:
周刊钻石 2006年7月29日号
2006年1月20~24日的问卷调查
日本主要的23家人寿保险公司,共计客户1202人的问卷调查数据(每家保险公司52~54人)
办理保险业务的客户满意度调查分为5个等级:非常满意、还算满意、两者都不是、稍有不满、非常不满

通过对比,发现价格收费参差不齐

10年定期的月付保险费
(保险金3000万日元、男性、缴费年限10年)

	签约时的年龄	
	30岁	40岁
国内 A 公司	6690	10500
国内 B 公司	6930	10680
国内 C 公司	7050	10830
国内 D 公司	8286	12276
外资 E 公司	5340	9120
外资 F 公司	5070	9210
函售 G 公司	5100	8790
平均	6352	10201

※　　C 公司从以上金额中每年退还5400日元
※※　A 公司 ~D 公司属于分红型。其他公司是无分红型
※※※ 另外,面向不吸烟人群有特别折扣
　　　(2004年11月7日,日经报调查统计)

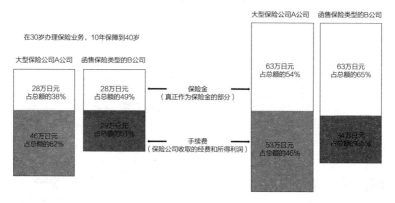

手续费的缴纳体系（定期死亡保险的示例）

（10年之内死亡的话，可获得3000万日元的保险金，被称为"10年定期保险"，男性客户办理保险业务的示例）

在40岁办理保险业务，10年保障到50岁

大型保险公司A公司　函售保险类型的B公司

在30岁办理保险业务，10年保障到40岁

大型保险公司A公司　函售保险类型的B公司

| 28万日元
占总额的38% | 28万日元
占总额的49% | 保险金
（真正作为保险金的部分） | 63万日元
占总额的54% | 63万日元
占总额的65% |

| 46万日元
占总额的62% | 29万日元
占总额的51% | 手续费
（保险公司收取的经费和所得利润） | 53万日元
占总额的46% | 34万日元
占总额的35% |

数据来源：日本经济报2004年11月7日

由此数据得出，日本的人寿保险公司提高了超过利差损的死差益（客户实际死亡率低于设定的死亡率，保险公司的理赔金额就少于预期）和费差益（附加保费差益）

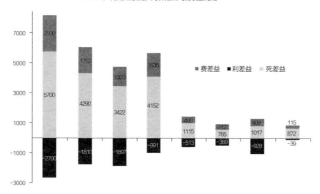

2006年3月期 主要的人寿保险公司的收益构成

■费差益　■利差益　死差益

数据来源：各公司的企业决算公开

325

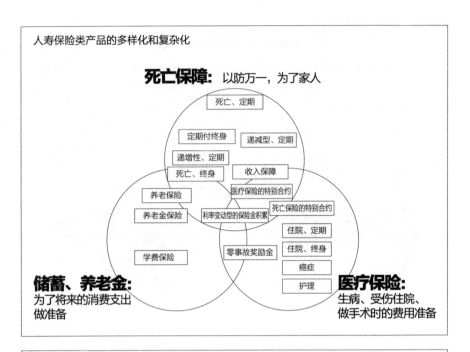

人寿保险类产品的多样化和复杂化

死亡保障: 以防万一，为了家人

- 死亡、定期
- 定期付终身
- 递减型、定期
- 递增性、定期
- 死亡、终身
- 收入保障
- 医疗保险的特别合约
- 养老保险
- 死亡保险的特别合约
- 养老金保险
- 利率变动型的保险金积累
- 住院、定期
- 住院、终身
- 癌症
- 护理
- 学费保险
- 零事故奖励金

储蓄、养老金: 为了将来的消费支出做准备

医疗保险: 生病、受伤住院、做手术时的费用准备

相继发生的丑闻使消费者对保险行业产生了不信任

拒绝支付人寿保险费已超170万例 必须立刻调查

在过去5年间已经超过数百亿日元 预计这个数值还会继续增加

拒绝支付的人寿保险费总额达到263亿日元

2001—2005年度 共计38家人寿保险公司 超过12万例

12家主要的人寿保险公司中拒绝支付保险费的统计数据（金额单位为百万日元）

	件数	金额
日本	15450	6053
第一	6656	2239
住友	17451	4006
明治安田	9742	2001
大同	2777	3028
太阳	2042	172
富国	3803	531
三井	14131	1413
朝日	7007	2594
索尼	159	17
ALICO JAPAN	8175	729
美国家庭人寿	19004	1857
合计	106397	24640

共助保险是原有的人寿保险的反命题，它的优势为"低价、简便"

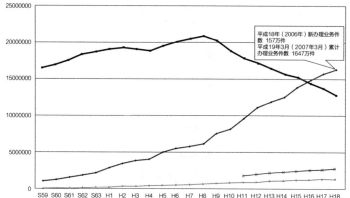

平成18年（2006年）新办理业务件数 157万件
平成19年3月（2007年3月）累计办理业务件数 1647万件

S59 S60 S61 S62 S63 H1 H2 H3 H4 H5 H6 H7 H8 H9 H10 H11 H12 H13 H14 H15 H16 H17 H18

● 全国生活协同组合联合会 ■ 日本人寿保险公司 ▲ 东京市民共助保险 × 埼玉县

	1990	1995	2000	2001	2002	2003	2004	2005	2006
	H2	H7	H12	H13	H14	H15	H16	H17	H18
全国生活协同组合联合会	3,400,000	5,800,000	11,000,000	11,800,000	12,500,000	14,090,210	14,911,370	15,693,408	16,471,985
日本人寿保险公司	19,290,000	20,390,000	17,050,000	16,368,000	15,713,280	15,223,775	14,408,659	13,850,346	12,962,744
东京市民共助保险	266,335	470,965	845,007	915,601	974,817	1,037,688	1,085,371	1,131,358	1,168,929
埼玉县县民的共助保险			1,960,000	2,110,000	2,260,000	2,400,000	2,510,000	2,620,000	2,717,000

通过图表和平均增减率算出了一部分数据

消费者调查① : 近20% 的客户已通过直接营销渠道购买了保险

办理保险业务时和签约时所使用的产品营销渠道

	办理保险业务时的信息采集			签约手续		
保险公司	保险业务办理员	50.3%	55.6%	保险业务办理员	50.3%	57.1%
	保险公司的分店办事窗口	5.3%		保险公司的分店办事窗口	6.8%	
代理商	保险代理店	7.7%	15.8%	保险代理店	8.5%	17.1%
	理财规划师	4.4%		理财规划师	3.7%	
	银行办事窗口	3.7%		银行办事窗口	4.9%	
直销	保险公司的网页	9.1%	17.8%	保险公司的网页	3.2%	20.9%
	邮政	7.0%		邮政	13.8%	
	电话	1.7%		电话	3.9%	
其他	工作单位的总务部门	9.1%	15.2%	工作单位的总务部门	8.5%	10.2%
	其他 :	6.1%		其他 :	1.7%	
参考	报纸杂志的广告	12.5%	21.9%			
	报纸杂志的报道 :	9.4%				

数据来源 : 日经需求雷达 2005年度的调查，调查对象为2635名
最近3年间办理了人寿保险、养老金保险业务中的776名做出了回答

327

消费者调查②：定期保险和医疗保险方面，已有3~4成的客户办理了直销型保险业务

使用的营销渠道和购买的产品

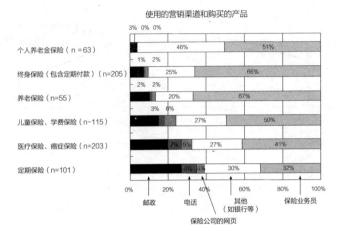

数据来源：日经需求雷达2005年度的调查，调查对象2635名

最近3年办理了人寿保险、养老金保险业务中的776人做出了回答

想要获得大家的支持和认可，关键是要向客户提供完整丰富的信息

当考虑是否要办理保险业务时，客户想要得到的信息（%）

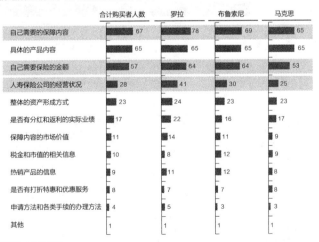

数据来源：日经需求雷达（2005年）

328

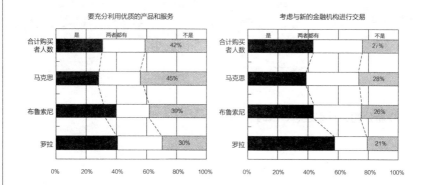

只要提供了优质的产品和服务，即使是新开设的公司也会很顺利地发展事业

要充分利用优质的产品和服务

	是	两者都有	不是
合计购买者人数			42%
马克思			45%
布鲁索尼			39%
罗拉			30%

考虑与新的金融机构进行交易

	是	两者都有	不是
合计购买者人数			27%
马克思			28%
布鲁索尼			26%
罗拉			21%

数据来源：日经需求雷达 2005年度的调查，调查对象2635名
最近3年间办理了人寿保险、养老金保险业务中的776人做出了回答

3. 新公司的基本理念、战略

设立新公司的背景：市场环境发生了巨大的变化，人们希望出现新的人寿保险公司

人寿保险行业的大环境之"过去"和"将来"		人们所期待的新型人寿保险
过去（20世纪）	将来（21世纪）	
保持快速发展的经济态势	→ 成熟的经济状况和低利率	·只有健全的价格竞争体系才能保证保险费的低价
人口增长和平均寿命的延长	→ 少子化老龄化	·透明度高的经营体制才能使企业严守企业行为准则
广大的家庭主妇群体	→ 女性走向社会的现象扩大	·从以女性推销员为主的时代过渡到多种渠道的保险营销时代
以女性推销员为主的人寿保险营销渠道	→ 多种多样的营销渠道	·要向消费者提供丰富的产品对比信息，才能让其成功选择适合自己的产品
强烈的储蓄意识	→ 储蓄利率的下调	·灵活运用网络等新技术，向消费者提供能了解产品教育和企业信息公示的平台
⇓		⇓
支撑人寿保险行业的前提条件正在不断地发生着变化		人们期待出现能适应新时代发展的人寿保险公司

有自信做好"网络人寿保险"市场的理由1

人寿保险的营销渠道已经慢慢地从面对面的销售型转向直销型
· 整体里的2成已经转向邮政、电话等类型
· 购买定期保险和医疗保险的消费者中，有3~4成左右不是通过传统型的面对面销售渠道购买的
· 从从今年4月起金融厅虽然放宽了价格战略，但还没有出现实行明确的低价格战略的人寿保险公司
· 没有公司做网络人寿保险项目原因是，通过网络能购买的产品极少（学费保险、AIG Star 人寿保险公司的1000万
日元定期类、一部分医疗保险）

此次项目的前提是，将消费者中的很小一部分"彻底比较派"作为对象实施。也就是并非要将所有的消费者都转向网
络销售
· 设想的客户层为"不需要销售人员拼命推销，自己能够有逻辑地理性地做出判断"的人群
· 13% 的客户在办理保险业务的时候均回答"对比了3家保险公司后才决定"，所以只要提供了好的产品（价格＋保
险范围），就有卖出产品的机会
· 不到6成的客户回答"也有在新金融机构办理保险的想法"
· 面向消费者进行的一项调查中，有63%的人表示对新设立的保险公司提出的新型服务感兴趣
· 新一代人未必对传统型的保险业务感兴趣，他们对在网络上购买保险产品是没有抵触情绪的

→保险产品卖家必须要有坚强的意志致力于向人们提供优质、划算的产品和服务。因此如果需要你做一个判断的话，
那使部分市场转变为在网络上销售产品，应该不失为一个正确的选择
· 因为有45兆日元的市场，所以即使只将其中的百分之几转向网络销售，也会为我们带来较大的收益

新公司的企业理念和基本方针：成为日本第一的真正的"人寿保险公司"

新公司的理念	基本方针

回到保险事业的原点
· 实现"日本最低价保险费"的目标
· 绝对不做过剩保障，瞄准消费者的真正需求
· 开发销售真正适合消费者的产品
· 提供简洁明了、易理解的产品
· 让"共助保险"这种保险形式再次复苏

企业信息公示和严守企业行为准则
· 实现高透明度的经营管理模式，要贯彻企业信息
公示的原则和严守企业行为准则
· 努力成为广受市场好评的企业（将来准备让企业
上市）

成为日本第一的真正的人寿保险公司
· 将目前市场的部分业务转换到网络销售，在网络
上集中资源
· 再也不会用以前的高成本销售方式，转向利用以
"网络＋电话中心"为主的销售渠道
· 可以让客户买到适合自己的定制产品
· 设立自己的网页，并开发能够常时核查保险内容
的网络系统

凭借具有绝对性优势的低价和具有高度说服力的产品，从传统竞技场中迈出重要的第一步

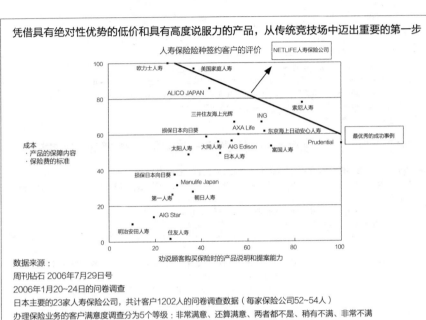

人寿保险险种签约客户的评价

NETLIFE人寿保险公司

数据来源：

周刊钻石 2006年7月29日号

2006年1月20~24日的问卷调查

日本主要的23家人寿保险公司，共计客户1202人的问卷调查数据（每家保险公司52~54人）

办理保险业务的客户满意度调查分为5个等级：非常满意、还算满意、两者都不是、稍有不满、非常不满

公司创立初期的事业重点：简单低价的①死亡保险和②医疗保险

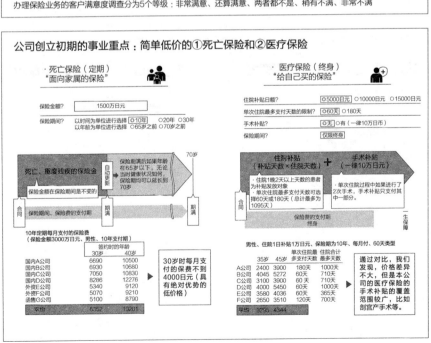

保险费低于比其他公司3~5成，以这个收费标准迎接挑战

无分红定期保险 期限10年	欧力士 直销型定期	通用电气 e-Term保险（定期保险）	ALICO 无分红定期	东京海上 无分红定期保险	ING 定期	T&D金融 无分红定期	索尼 定期	损保日本DIY人寿 1年组合保险	美国家庭 Light Fit Plan	全劳济生命互助	参考 税协连生命互助	NETLIFE
1000万日元												
30岁 男	1900	1950	2300				2540	2510	2146	2270	2500	1416
40岁 男	3120	3140	3770	4010		3870	3840	3482	3400	3700	2558	
50岁 男	6450	6450	7470	7650		7460	7370	7103	6760	7200	3715	
30岁 女	1580	1620	2010				2160	1795	1820	2100	990	
40岁 女	2320	2360	2880	3100			2970	2612	2330	2800	1809	
50岁 女	3790	3850	4470	4670			4500	4178	4200	3720	2408	
3000万日元												
30岁 男	5100		6210	5970	6060	6870		5380				
40岁 男	8790		10410	10200	10260	10860		9546				
50岁 男	18750		21450	21360	21180	21630		20409				
30岁 女	4140		5100	4836				4485				
40岁 女	6390		7710	7440				6936				
50岁 女	10800		12510	12300				11634				

将销售重点放在具有"逻辑思维能力＋理性思考习惯"的消费者身上

（购买行为的风格 / 人生阶段）

购买行为的风格	未婚、未育（20%）	有未读大学的孩子（42%）	孩子正在读大学或已独立（38%）	人物简介	竞争方
彻底比较派 "罗拉"（13%）	1.8%	7.5%	3.9%	·具有"逻辑思维能力＋理性思考习惯"的消费者 ·积极收集各种信息，仔细比较3~5家公司的产品特点，从中选出最适合自己的 ·频繁地使用网络收集需要的信息 ·已经购买了函类型的保险产品	美国家庭人寿、ALICO JAPAN、欧力士
商量派 "布鲁索尼"（28%）	4.8%	12.5%	10.4%	·想深入了解产品，对于不明白的地方想听取他人的建议 ·购买时，一般会对比1~2家保险公司的产品特点 ·比较信任咨询顾问类的保险销售	Prudential 索尼生命（大型保险公司）
让别人做主派 "马克思"（59%）	13.6%	21.9%	23.7%	·不了解保险/对保险没有兴趣 ·当销售人员向自己推销保险时，不对比几家公司的保险费用就做决定 ·因为GNP（面子、人情、保险公司送的礼物）购买保险	大型人寿保险公司

数据来源：
日经需求雷达2005年的调查，从2653人的调查对象中抽取了最近3年间购买了人寿保险、养老保险的776人

重新认识人寿保险的意义、降低保费、向消费者提供真正的产品价值

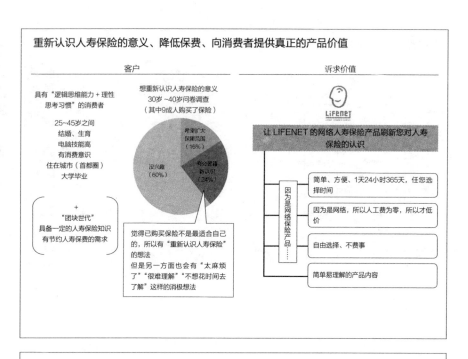

| | 客户 | 诉求价值 |

客户

具有"逻辑思维能力 + 理性思考习惯"的消费者

25~45岁之间
结婚、生育
电脑技能高
有消费意识
住在城市（首都圈）
大学毕业

+

"团块世代"
具备一定的人寿保险知识
有节约人寿保费的需求

想重新认识人寿保险的意义
30岁~40岁问卷调查
（其中9成人购买了保险）

希望扩大保障范围（16%）
没兴趣（60%）
有必要重新认识（24%）

觉得已购买保险不是最适合自己的，所以有"重新认识人寿保险"的想法
但是另一方面也会有"太麻烦了""很难理解""不想花时间去了解"这样的消极想法

诉求价值

LiFeNeT

让 LIFENET 的网络人寿保险产品刷新您对人寿保险的认识

因为是网络保险产品……
- 简单、方便、1天24小时365天，任您选择时间
- 因为是网络，所以人工费为零，所以才低价
- 自由选择、不费事
- 简单易理解的产品内容

人寿保险行业的动向、对"人生仪式"的提案

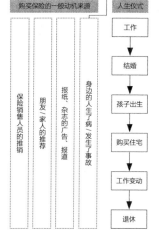

购买保险的一般动机来源

保险销售人员的推销
朋友／家人的推荐
报纸、杂志的广告、报道
身边的人生了病、发生了事故

人生仪式

工作 → 结婚 → 孩子出生 → 购买住宅 → 工作变动 → 退休

人数	对买保险这个行为的认识	对人寿保险的需求	主要媒体、网络
35万人	高（50%）	因为成为了社会人，所以需要买保险	利库路特 每日报纸 日经报纸 学情杂志
144万人 （超过72万组）	高（50%~75%）	万一发生了不测，有需要保护的家人	ZEXY Wedding Walker Wedding Park
110万人	中	考虑到孩子的将来	Net TAMAHIYO Women's Park AKASUGU Net Vison Info
128万件 （新住宅已在建的）	低~中?	偿还住房贷款的同时合理地购买保险	HOME'S FOLENT Apaman Shop Home at Park
329万人	低?	前任职公司的保险需要转换	Yahoo 每日报纸 Torabayu Net
145万人 （只包含到年龄退休的）	低?（有养老金需求）	担心自己退休后的生活，也担心健康问题	STAGE

灵活运用拥有董事团队的客户

MBH Monexbeans　Holdings	80万个客户账户
电子银行	230万个客户账户
新生银行	200万个客户账户
APLUS （新生银行旗下）	656万个客户账户 （有效的信用卡会员数　2006年9月）
7-11银行	46万个客户账户
IY CARD	280万个客户账户（IY 卡的会员数） 425万张（nanaco 卡的发行张数）

数据来源：各公司资料（2007年9月）

用网络保险产品开拓的市场能够持久顺利地运转 PDCA 体系

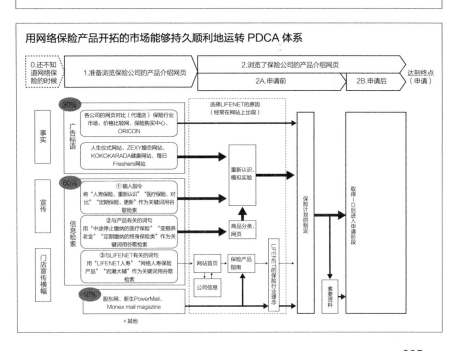

疾速奔跑，构筑持久性优势

边缘产品

不被已有产品的框架束缚、创造独立产品
和价格设定、单项产品
（定期死亡、终身医疗）、
投资信托类产品的复制、年金型保险产品

吸引顾客上门的高效渠道

通过网站内容开发型的自然搜索流量源吸
引顾客上门、
CGM/独创工具流通、对比网站的卷入型
SEM

资产运转

彻底执行 ALM 模式、
通过产品主动积极地
运转资金

迅速执行保险事务

追求自动化的操作程序和使用 IT 系统、实现无纸化办公、导入自动核定程序、开发能够
灵活处理事务性工作的 IT 系统

（今后要构筑的）公司品牌

与大型出资方的关系（MBH、三井物产、新生银行、Seven &i Holdings、利库路特、ZEXY）
以及咨询顾问、与早期顾客的关系。因此与顾客间的交流不能枯燥乏味，生动有趣的交流很重要

上意下达的过程要迅速有效，这有利于快速决策，这一点和优秀的员工都是企业发展的基础

后 记

　　有人说："经营管理是一个大怪物！"也有人说："经营管理既是科学也是艺术！"对此我深有感触。因为每一个经营决策都需要兼顾众多要素（内外环境，投效比，人和事，情和理，长短期连锁反应），而每一个要素又都变化多端。经营决策中没有什么万能的工具可以让我们"按几个输入键，就可以自动推导出结论"，更没有什么正确答案可以抄袭。所以企业经营管理这件事就变得万分艰难，初创公司会九死一生，百年企业则成为稀缺品。如何让自己的决策经得住时间和空间的考验，如何在未知和复杂中给"赌博式"的决断增加一些确信？立志成为优秀企业家、管理者的人该如何学习和提升，让自己的经营决策变得越来越科学，越来越艺术呢？顾彼思商学院给出了两个建议：一个是"大道至简"，一个是"抽象和具体"。

"大道至简"说的是，尽管相对于其他科学和艺术，经营管理复杂了太多，但是无论多复杂的事物都有其最关键的核心本质的元素。比如说3C的这个框架结构告诫我们要根据客户需求、竞争对手、本公司的状况来选择本公司的战场和战术，这些元素在任何行业都应该不会有太大差异，把这些元素结构化出来，就让我们找到了判断决策的重点，避免了因为思虑不周而做出的错误决定（道理很简单，但是做起来却万分艰难，事实证明太多的企业都是因为忘记客户需求，漠视竞争对手的变化而被淘汰出局）。所以管理学专家们倾力将一些原理原则整理成便于记忆的关键字（比如3C），让我们抓住重点，来提升决策的效率。2016年出版的MBA轻松读系列就是这一理念下的智慧结晶。这套书也可以说是"至简MBA"，从思考，战略，营销，组织，会计，投资几个角度，把经营决策的重点元素进行了拆分梳理，用最简单质朴的原理原则把管理的科学和艺术变成可以学习的有规律的结构。这套书一上市就得到了众多读者的好评，也一直在管理学书籍排行榜中名列前茅。

　　但是，如前所述，经营管理这件事本没有那么简单。行业不同，游戏规则也会有所不同。环境不同，也会让同样决策的结果生出众多变化。要让经营决策这个科学艺术不是偶然的成功，而是可以复制的必然，还需要因地制宜地将这些简化了的工具还原到具体的复杂情境中。所以第二个建议就是"抽象和具体"。通过还原到具体的情境，来具体地理解这些概念工具的背景、适用条件和一些注意事项，才能确保我们正确地用这些工具。说白了，管理能力的提升本没捷径，需要大量试错成本，但是聪明的管理者会努力站在巨人的肩膀上，汲取前人的教训，少走弯路，这就是捷径了。所以 MBA 轻松读：第二辑的重要使命就是要进一步扩充上一个系列的范围和深度，给出更多的商务应用情景去进一步提升知识到能力的转换率。这次的轻松读系列我们聚焦在如何创造新业务的具体情景中，选择了几个重点话题，包括如何设计新业务的盈利模式（《事业开发》），如何用具有魅力的商业计划书来获取资源（《商务计划》），也包括如何驱动众多的人来参与大业（《博弈论》《批判性思维·交流篇》《商务文案写作》），还包括作为领导者的自我修炼（《领导力》）。是经营管理必备的知识、智慧、志向这三个领域的综合体。每一本书都包含众多实际的商务案例供我们思考和练习，我们通过这些具体情境进行模拟实践、降低实际决策中的试错成本，让抽象的理论更高效地转化为具体的决断力。

　　所以，经营管理能力的提升，是综合能力的提升，这个过程不可能轻松。出版这套书籍的最大的远景是企业家和管理者们能在未知和复杂的情境中，关注本质和重点，举一反三。企业家和管理者的每一个决策都会动用众多的资源，希望看这套书籍的未来的企业家们，在使用人力物力财力这些资源之前，能通过缜密深度的思考来进行综合判断，用

"知""智"和"志"做出最佳决策，来最大限度地发挥资源的效果，让企业在不断变动的环境中持续发展，为社会、为自己创造出更大的价值。

用MBA轻松读，打造卓越的决策脑，这个过程不轻松，我们一起化繁为简，举一反三！

顾彼思（中国）有限公司董事长

赵丽华

附录：商务常用缩略词表

缩写	展开	中文
3C	Company Competitor Customer	企业、竞争、市场
4P	Product Price Place Promotion	产品、价格、宣传、流通
5W1H	What Why Where When Who How	六何分析法
API	Application Programming Interface	应用程序接口
APV	Adjusted Present Value	调整后净现值法
BATNA	Best Alternative To Negotiated Agreement	最佳替代方案
BTO	Build To Order	接单生产
CAPM	Capital Asset Pricing Model	资本资产定价模型
CCL	Center for Creative Leadership	创意领导力中心
CEO	Chief Executive Officer	首席执行官
CFO	Chief Financial Officer	首席财务官
CMO	Chief Marketing Officer	首席市场官
COO	Chief Operating Officer	首席运营官
CSR	Corporate Social Responsibility	企业社会责任
CTO	Chief Technology Officer	首席技术官
DMU	Decision Making Units	决策单元
EBIT	Earnings Before Interest and Tax	息税前利润
EMS	Electronic Manufacturing Services	电子制造服务
ERP	Enterprise Resource Planning	企业资源计划

FAQ	Frequently Asked Question	经常被提出的问题
FC	Franchise Chain	特许加盟
FCF	Free Cash Flow	自由现金流
HRM	Human Resource Management	人力资源管理
HRO	High Reliable Organization	高可靠性组织
IMC	Integrated Marketing Communication	整合营销传播
IPO	Initial Public Offerings	首次公开募股
IRR	Internal Rate of Return	内部收益率法
KBF	Key Buying Factors	关键购买因素
KISS	Keep It Simple and Stupid	保持简单和愚蠢
KPI	Key Performance Indicator	关键绩效指标
KSF	Key Successful Factors	成功的关键
LBDQ	Leader Behavior Description Questionnaire	领导行动描述问卷
LED	Light Emitting Diode	发光二极管
LTV	Life Time Value	生命周期总价值（客户终生价值）
M&A	Merger& Acquisition	并购
MBO	Management By Objective	目标管理
MBO	Management Buy-Outs	管理层收购
MBTI	Myers Briggs Type Indicator	人格理论
MECE	Mutually Exclusive Collectively Exhaustive	相互独立，完全穷尽
MOT	Management Of Technology	科技管理

NGO	Non-Governmental Organization	非政府组织
NPO	Non-Profit Organization	非营利组织
NPV	Net Present Value	净现值
ODM	Original Design Manufacturing	原创设计制造商
Off-JT	Off the Job Training	职业外培训
OJT	On the Job Training	职场内培训
P2P	Peer to Peer	点对点
PDCA	Plan Do Check Act	戴明循环
POS	Point Of Sales	销售点终端
PR	Public Relations	公共关系
PTSD	Post Traumatic Stress Disorder	创伤后应激障碍
ROA	Return On Asset	总资产收益率
ROE	Return On Equity	股东资本收益率
ROI	Return On Investment	投资收益率
SEO	Search Engine Optimization	搜索引擎优化
SMART	Specific Measurable Attainable Relevant Time-based	明确、衡量、可实现、相关、时限
SNS	Social Networking Services	社会性网络服务
SRI	Socially Responsible Investment	社会责任投资
VC	Venture Capital investment	风险投资
WACC	Weighted Average Cost of Capital	加权平均资本成本
ZOPA	Zone Of Possible Agreement	协议空间

作者简介

日本顾彼思商学院（GLOBIS）

顾彼思自1992年成立以来，一直以"构建人力、财力和智力的商务基础设施，支持社会创新和变革"为发展目标，推进各种事业的发展。顾彼思商学院作为日本最大的一所商学院，提供全英语教学的全日制工商管理硕士课，全英语、日语教学的在职工商管理硕士课，以及企业高层经理培训课程。如今，在日本众多的商学院中，顾彼思以高水准的课程设计、具有丰富商务实践经验的教师团队，以及高质量的服务水平，赢得社会广泛认可。

译者简介

李静

文学博士，杭州师范大学日语专业教师；留日10年，期间曾供职于文化传播公司，担任舞台翻译，也曾多次担任国际会议的口译、笔译工作。

想 象 之 外　品 质 文 字

MBA 轻松读：第二辑
事业开发

产品策划 ｜ 领读文化　　　　　　责任编辑 ｜ 张彦翔

文字编辑 ｜ 陈乐平　　　　　　营销编辑 ｜ 孙 秒　魏 洋

封面设计 ｜ 刘 俊　　　　　　　排版设计 ｜ 张珍珍

发行统筹 ｜ 李 悦

更多品质好书关注：
官方微博 @ 领读文化　官方微信 ｜ 领读文化